‖ 인문교양총서 4

# 미하일 바흐친과 폴리포니야

•

## 이 강 은

인문교양총서 004

# 미하일 바흐친과 폴리포니아

이강은 지음

역락

바흐친, 이제 우리에게도 친숙한 이름이다.

1970년대 '바흐친 산업'이라고 불릴 정도로 바흐친은 영미와 서유럽에서 폭발적인 관심의 대상이었다. 오늘날 바흐친의 대화주의와 폴리포니야 이론은 문학뿐만 아니라 문화와 철학, 혹은 사회과학 등 다양한 분야에 활발하게 적용되며 발전을 거듭하고 있다. 우리나라에서도 바흐친은 1980년대 후반에 소개되기 시작하여 지금은 거의 모든 저작이 번역되고 관련 연구의 수준도 상당하다.

바흐친은 도스토예프스키 소설에서 "독립적이며 융합하지 않는 다수의 목소리들과 의식들, 그리고 각기 완전한 가치를 띤 목소리들의 진정한 다성악(폴리포니야)"을 발견하였다. 도스토예프스키 소설은 "한 작가의 의식에 비친 단일한 객관적 세계에서의 여러 성격들과 운명들이 아니라, 동등한 권리와 각자 자신의 세계를 가진 다수의 의식들이 각자 비융합성을 간직한 채로 어떤 사건의 통일체 속으로 결합하고 있는 과정"이라는 것이다. 바흐친은 도스토예프스키의 이런 문학 세계를 유럽 문화의 카니발 정신과의 연관 속에서 해명한다. 카니발, 바흐친은 그것을 이렇게 정의한다. "그것은 무대의 조명도 없고, 연기자나 관객의 구분도 없는 구경거리를 말한다. 카니발에서는 모두가 적극적인 참가자이며, 모두가 카니발 행위에 관여한다. 카니발은 관조하는 것도 아니요 엄격히 말해서 공연하는 것도 아니다. 카니발은 그 속에서 사는 것이며, 카니발 법칙이 발효하는 한 그 법칙에 따라 사는 것으로서 다시 말해 카니발적 삶을 사는 것이다. 카니발적 삶이란 통상적인 궤도에서 벗어난 삶이며, 어느 한도에서는 '뒤집혀진 삶', '거꾸로 된 세상'이다."

'독립적인 목소리들의 진정한 다성악', '모두가 적극적인 참가자이며 모두가 관여하는 카니발', '뒤집혀진 삶, 거꾸로 된 세상'! 내적 이론 체계는 차치하더라도 이러한 수사적 표현만으로도 그것이 20세기를 우울하게 경유하던 현대의 지식인들에게 어떤 희망적 가치로 받아들여졌을지 상상하기 어렵지 않다. 인류문화의 전체주의와 이데올로기의 반주체성, 인간의 자기동일성에 기초한 근대 문화와 철학의 문제 등을 곱씹어보던 현대 지식인에게 바흐친의 개념은 매우 신선하고도 풍부한 과즙이 아닐 수 없었던 것이다.

　바흐친은 분명 사회주의 혁명과 체제를 몸으로 겪으며 자신의 이론을 연마하였다. 그러나 그의 사상은 사회주의와의 직접적인 대면이 아니라 보다 큰 인류의 문화적 성장과 더욱 깊게 연관되어 있다. 그의 거대한 시야 속에서 그에게 시련을 안겨준 소련의 체제는 작은 비바람에 불과했다. 그런 점에서 바흐친의 이론 속에서 인류의 모든 것은 편안하게 밝은 미래를 향하여 움직여가고 있는 것만 같다. 날카로운 논쟁과 세련된 개념화와 같은 지적 체계를 구축하기보다 인류 문화의 다양한 측면에 대한 자연스러운 관찰과 폭넓은 이해로부터 바흐친은 뜻밖에도 담백한 사상으로 현대 인류가 마주한 가장 곤혹스러운 문제를 넘어선다. 그런 이유로 바흐친은 쉽고도 어렵다.

　이 책은 폴리포니야 개념을 중심으로 바흐친 사상의 핵심을 제시하고 있다. 바흐친의 많은 저작들을 본격적으로 읽기 전에, 그리고 이미 여러 영역에 확산되고 적용되고 있는 바흐친 사상의 기본을 파악하기 위해, 나아가 여러 분야에서 바흐친의 이론을 접맥하기 위한 준비 작업으로 이 책이 기획된 것이다. 그렇다고 이 책은 바흐친에 대한 단순한 해설서는 아니다. 나는 이 책에서 바흐친에 대한 많은 소개 자료에서 다소 불명료하거나 오독되거나 미흡했던 부분들을 가능한 충실하게 바로잡기 위해 노력했다. 또한 바흐친에게서 문화적 실천의 지점을 찾아내는 것도 이 책의 중요한 집필 방향이었다. 다원주의나 관념주의로 자칫 오독하기 쉬운 바흐친의 폴리포니야 이론에서 진리와 책임이라는 문제의식을 놓치지 않으려고 노력한 것도 이런 이유에서이다.

나의 의도와 노력이 잘 실현되었는지 확신하지 못한다. 그래도 바흐친에 주목하고 바흐친의 개념들을 통해 현대 문학과 문화의 새로운 길을 모색하려는 독자들에게 최소한이나마 올바른 도움이 되기를 희망한다.

2011년 6월

저자 이강은

# 차례

# 바흐친의 삶과 사상

## 사란스크의 은둔자

　사람은 고독하다고들 말한다. 고독한가?

　고독하다는 것은 다 말하거나 드러내지 못한 나만의 무엇이 남아있다는 것이다. 드러내고 나누고 모든 것을 함께 할 수 있다면 고독이 어디에 존재하겠는가. 인간 존재의 고독함이란 그 누구에게도 말할 수 없고 말해도 또 남는 자신만의 무엇이 존재한다는 것이다. 바로 그런 잉여의 자아, 혹은 자의식을 가지고 있는 고독한 인간이야말로 타인과의 대화와 소통을 절실히 요구한다. 모든 것을 다 드러내고 그리하여 더 이상 남은 잉여의 자의식이 없는 인간에게(혹은 그렇게 믿는 자에게) 대화와 소통은 도대체가 불필요한 것이거나 형식적 장치, 혹은 수다에 불과하다. 그렇다면 고독한 자야말로 진정한 인간이란 말

아닌가. 대화와 소통은 바로 그 고독한 인간에게 가장 절실할 것이다.

대화적 세계관의 사상가 미하일 바흐친(Михаил Михаилович Бахтин, 1895~1975)은 참으로 고독한 인물이었다. 그 고독 속에서 대화의 의미와 필요성을 그만큼 절실하게 느꼈을 것이다. 그리하여 그의 삶과 사상은 참 아이러니하다. 아니, 안타깝다. 아니, 흥미롭고 따뜻하다. 아니, 까다롭고 모호하다. 바흐친은 이렇게 거듭 부정하면서 새롭게 접근해야 하는 존재처럼 보인다. 그만큼 그의 삶과 사상은 고독한 그만의 잉여와 더불어 우리에게 다가온다.

바흐친은 러시아 전제주의 황권의 몰락과 제1차 세계대전, 사회주의 혁명과 건설, 스탈린 체제와 제2차 세계대전, 사회주의 체제의 변화와 냉전체제의 강화 등등 격변의 세계를 살았다. 그 시대를 살아간 대부분의 문학자들은 원하든 원하지 않든 시대의 격랑에 요동하는 돛단배와 같은 운명에 처해 있었다. 그들은 그때까지 자신들이 살아왔던 삶의 형식과 토대가 발밑에서 무너져 내리는 것을 불안하게 지켜봐야 했고 완전히 이해할 수만은 없었던 새로운 삶에 몸을 내맡기지 않을 수 없었다. 그들은 혁명에 열광하다가 환멸을 느끼기도 했고 저항하다가 순응하기도 했다. 어쩔 수 없이 러시아를 떠나기도 했고 고통스럽게 혁명의 일상에 적응하기도 했다. 물론 그런 운명은 꼭 문학자들만의 몫은 아니었다. 지식인과 정치인을 비롯하여 격변하는 사회와 삶 속에서 변전하는 운명의 파고를 피해갈 수 있었던 사람은 아무도 없었다.

바흐친 역시 시대로부터 결코 자유롭지 않았을 뿐만 아니라 누구 못지않게 불운하고 안타까운 삶의 역정을 걸어가야 했다. 그러나 그 격랑의 파장은 그에게 와서 마치 조용히 잦아드는 것만 같다. 그는 결코 시대의 격랑에 그대로 몸을 맡기지도 않았고 힘을 다해 맞서지도 않는다. 불운한 운명에 절망하거나 시대에 대한 불만을 웅얼거리지도 않는다. 그리하여 얼핏 그의 삶은 세계의 격랑으로부터 조금 벗어나 온순한 눈빛으로 조용하게 그것을 지켜보고 있는 것만 같다. 그의 영혼은 시대의 폭우 속에서 고독하게 작은 은신처의 책상 앞에 앉아 아내가 평생 챙겨준 값싼 담배를 피우며 당대에 아무도 주목하지 않는 고대의 인문주의 사상 속으로, 중세의 소설 세계 속으로, 도스토예프스키의 소설과 언어 속으로 거듭 침잠해 들어가는 것이다. 엄청난 폭우와 홍수도 그의 작은 은신처의 등불을 침범하지는 못했다. 그것은 그의 은신처가 너무나도 안전한 곳이어서가 아니다. 그의 삶과 사상은 시대의 격랑보다도 더 넓고 깊은 공간이었다. 그의 삶과 사상은 시대의 은신처가 아니라 시대의 격랑을 품은 인류사적 광장이었다. 그 영혼의 광장에서 전개되는 새로운 사상의 기류에 비하면 시대의 격렬한 변전은 가벼운 미풍에 불과했다.

1960년 모스크바 세계문학연구소에 일군의 젊은 문학자들이 바흐친이라는 '사란스크의 은둔자'의 저작을 읽으며 눈을 크게 떴다. 그들은 바흐친이라는 학자의 의의를 높이 평가하며 조속히 그의 저작을 발굴하고 재출판해야 한다고 이구동성으로 의기투합했다. 다음 해 그들은 바흐친에게 편지를 보내고 바흐친을 만나보기 위해 직접 모스크바 남동쪽 650여 킬로미터 떨어진 사란스크로 달려갔다. 그들은 이후 바흐친의 제자를 자처하며 바흐친의 말년을 보살폈을 뿐만 아니라 바흐친을 세계적으로 널리 알리는 핵심적인 역할을 했다. 20세기 후반 소련의 인문학 연구의 새로운 방향을 모색한 세르게이 보차로프(Сергей Бочаров)와 바딤 코쥐노프(Вадим Кожинов), 게오르기 가체프(Георгий Гачев), 블라디미르 투르빈(Владимир Турбин) 등이 바로 그들이다. 공식적인 사회주의 예술 미학의 논리에 피로함을 느끼고 새로운 출구를 갈망하던 그들에게 바흐친은 그들이 의거해야할 진정한 스승이자 살아있는 전설이었다. 그들의 편지 한 장은 20세기 사상 발전의 중대한 한 장을 연 철학자를 러시아에 다시 "선물하는" "중대 사건"[1]이었던 셈이다.

그러나 바흐친의 복권은 당시 사회주의 소련의 학계에서 여전히 쉽지 않은 길이었다. 일부 젊은 학자들이 그의 저작들을 새롭게 출판하고 연구하기 시작했지만 여전히 바흐친 사상의 전면적인 재조명은 이루어지지 못했다. 공식문화와 비공식문

---

[1] К. Г. Исупов, Уроки М.М. Бахтина, Михаил Бахтин : Pro et contra, СПб., 2001, с.7.

화의 대립, 독백적 문화 비판과 대화적 세계관의 전개 등과 같
은 바흐친 사상이 사회주의 리얼리즘이라는 현실 인식과 실천
의 논리가 강고하게 자리 잡고 있던 소련의 학계에서 제대로
평가를 받기 힘들었던 것이다. 앞서 말한 젊은 학자들이 열성
적으로 바흐친의 저작을 읽고 연구하며 재출판하는 등 고군분
투하였지만 정작 바흐친이라는 '선물' 보따리를 먼저 펼쳐보
고 기뻐한 것은 서구 학자들이었다. 1960년대 중반부터 바흐
친의 이름에 주목하기 시작했던 프랑스와 영국, 미국 등지의
문학자와 철학자들은 앞 다투어 바흐친의 저작을 번역하고 연
구하기 시작했던 것이다.

구조주의 이후 새로운 출구를 모색하고 있던 서구 유럽의
지식인들에게 바흐친은 새로운 인문적, 철학적 대안으로 여겨
지면서, 20세기 대표적인 사상가 중의 하나로 떠오른다. 줄리
아 크리스테바와 츠베탕 토도로프, 카테리나 클락과 미하엘
홀퀴스트 등을 비롯하여 다양한 학자들이 바흐친의 대화주의,
카니발, 폴리포니야 등과 같은 개념들을 적극적으로 활용해
나갔다. 바흐친과 관련된 학회와 학술회의가 7, 80년대 줄을
이으면서 서구에서는 이른바 '바흐친 산업'이라 일컬을 정도
로 바흐친과 그의 저작은 학술 연구와 출판의 가장 인기 있는
신상품이 되었다. 우리나라에서도 80년대에 일부 연구자들이
바흐친에 주목하기 시작했고 90년대 이후에는 젊은 러시아 문
학자들이 러시아어로 된 바흐친 저작들을 꼼꼼하게 읽어내면서

바흐친 사상을 보다 정교하게 해석하고 대중화하기 시작했다.

오늘날 바흐친이 주목받는 이유는 분명 새로운 인류 문명의 패러다임을 모색하는 일과 관련되어 있다. 바흐친은 분명 언어학과 문학에 관련된 저작들을 남기고 있지만 오늘날 그의 사상적 핵심을 문학 연구의 개념으로 국한하여 이해하는 사람은 없을 것이다. 그의 주요 개념들은 이미 문화·철학 및 사회과학 분야로까지 널리 확대되고 응용되고 있다. 무엇보다도 20세기의 전체주의 문화 체제에 대한 비판과 주체의 자기동일성에 기초한 근대 문화 비판, 그리고 새로운 인간과 문화에 대한 풍부한 상상력과 관련되어 있다.


## 바흐친, 보이지 않는 얼굴

바흐친은 빼어난 천재적인 저작들에도 불구하고 사상 형성기와 초기 저작시대의 모습을 명확히 드러내지 않는다. 그는 조용하게 사람들 '사이에' 존재하는 사람이었고, 심지어 초기 저작들과 논문들에 자신의 이름 대신 친구들 이름을 사용하며 그 뒤에 숨은, '마스크를 쓴' 존재였다.

미하일 바흐친은 유럽 러시아의 중부지역에 있는 오룔이라는 지방 소도시 은행가 집안에서 태어났다. 미하일에게는 나이가 한 살 위인 형 니콜라이와 세 명의 여동생이 있었다. 형

니콜라이는 미하일의 사상 형성과정에 중요한 영향을 주게 될
인물이었다.[2]

　아홉 살이 되던 1905년 바흐친은 아버지의 직장을 따라 리
투아니아의 수도 빌니우스로 이사하고 이곳에서 김나지움에
입학한다. 리투아니아는 당시 러시아의 실질적인 식민지였지
만 러시아인을 비롯하여 리투아니아인과 폴란드인, 유태인 등
언어와 종교가 다른 여러 민족이 뒤섞여 살고 있었고 문화도
매우 다양했다. 서로 다른 언어와 문화에 대한 체험은 어린 바
흐친에게 깊은 인상을 남겼고 이는 이후의 사상적 발전에 적
지 않은 영향을 미친다. 이 시절, 열세 살 무렵부터 바흐친은
이미 도스토예프스키와 칸트 등의 저작을 많이 읽기 시작했다.

　1911년 그의 가족은 다시 오뎃사(현재 우크라이나의 남부 휴양도시)
로 옮겨가야 했다. 그런데 이때 1912년 무렵부터 골수염이 발
생한다. 바흐친은 이 골수염으로 평생 고통을 받았으며 말년
에는 다리를 절단하기까지 해야 했다. 이런 건강상의 문제로
바흐친의 학업은 정상적인 궤도를 따라갈 수가 없었다. 그는
오뎃사에서 김나지움을 졸업하고 1913년 오뎃사 대학을 다니
다가 1916년 형 니콜라이가 다니고 있던 상트 페테르부르그

---

[2] 형 니콜라이 바흐친은 바흐친에게 커다란 학문적 자극을 주었다. 그는 혁명 후 망명하여 프랑
스와 영국에서 역경의 삶을 살았다. 프랑스에서는 언어학자인 루드비히 비트겐쉬타인의 절친
한 친구로서 적지 않은 학문적 영향을 준 것으로 알려져 있다. 이에 대해서는 테리 이글턴의
「축제로서의 언어」(여홍상 엮음, 『바흐친과 문학이론』, 문학과지성사, 1997)의 앞부분을 참조.

대학 고전학부로 옮겨간다.

여기서 잠깐 바흐친이 대학을 다니던 1910년대 러시아의 사회 상황을 살펴보자. 20세기에 접어든 러시아는 격렬한 사회 변화를 체험하고 있었다. 차르의 전제 정권은 다양한 근대적 요구들에 직면하여 위기에 처해 있었다. 여전히 농업 위주의 착취 경제에 의존하면서도 도시를 중심으로 자본주의가 급속하게 발전하고 있었는데, 자본주의 발전은 한편으로 근대적 국가 체제를 요구하고 다른 한편 다양한 사회 갈등을 심화시키고 있었던 것이다. 그러나 전근대적인 차르 전제 체제는 사회체제의 변화와 그에 따른 다양한 요구들을 적절히 수렴하거나 통제하지 못하고 있었다.

이런 상황에서 자유주의 사상에 기초한 서구적 민주주의 개혁을 지향하는 세력으로부터 급진적 사회주의 혁명을 지향하는 세력에 이르기까지 매우 다양한 사회 변혁 운동이 활발하게 전개되는 것은 당연했다. 1905년에는 이미 러시아 제1차 혁명이 발발하여 차르 정권에 커다란 충격을 가하고 정치 사회 체제의 변화와 개선을 초래했고 이제 곧 1917년에는 세계 최초의 사회주의 혁명이라는 대격변이 일어날 것이었다. 이러한 내적 갈등과 격변 속에 있던 러시아는 1914년 발발한 제1차 세계대전으로 인해 한치 앞을 내다볼 수 없는 더욱 커다란 혼란 속으로 빠져든다.

바흐친은 바로 이러한 시기에 그 혼란의 중심이랄 수 있는 러시아의 수도 페테르부르크로, 게다가 온갖 혼란한 사상이 들끓는 중심인 상트페테르부르크 대학으로 오게 된 것이다.

당시 러시아 지성계는 세계를 하나의 체계로 읽어내고자 하던 19세기의 실증주의적 역사관과 철학관에 대항하는 다양한 흐름을 보여주고 있었다. 19세기 말과 20세기 초 상징주의 운동은 리얼리즘적 세계관을 해체하고 세계와 문화를 해석하는 새로운 철학을 제기함으로써 모더니즘 운동의 깃발을 들어올렸다. 그러나 상징주의 운동은 여전히 러시아 민족의 특수한 동질적 성격이나 러시아 사회의 성격에 대해 깊은 관심을 유지하고 있었다. 그리하여 그것은 그 세계관이나 방법에 있어 19세기 리얼리즘 운동으로부터 완전히 벗어난 것은 아니었다고 말할 수 있다.

20세기 초 아크메이즘(Акмеизм)과 미래파(Футирист) 운동은 이제 상징주의적 세계관이나 방법으로부터도 완벽하게 벗어난 새로운 주장들을 과감하게 전개하고 있었다. 실증주의적 세계관은 세계를 온전하게 이해하고 인식하고 표현할 수 있다는 전제에 기초한다. 그에 따르면 문학이나 예술 역시 세계에 대한 온전한 이해와 인식, 그리고 그에 대한 온전한 표현이고, 그런 한에 있어 문학과 예술은 하나의 진리를 구현하는 것이다. 그러나 과연 그런 진리의 획득은 가능한가? 세계는 과연 이해될 수 있고 인식될 수 있는가? 더구나 언어나 어떤 표현 양식에 의해 온전히 그 이해와 인식이 담겨질 수 있는가? 20

세기 초 러시아의 새로운 사상가들은 이런 강렬한 의문을 제기하고 그 의문에 대한 새로운 대답을 모색하고 있었다.

이를테면 만젤쉬탐과 아흐마토바, 구밀료프 등과 같은 아크메이즘 시인들은 시란 미적 이상으로서 '아름다운 저편'을 모색하는 것이 아니라 사물의 구체적인 본질적 특성을 명료하게 보여주는 언어의 명료성 자체를 추구하는 것이라고 주장한다. 마야코프스키와 흘레브니코프 등이 주도했던 미래파는 보다 과감한 형식 실험과 대중적 선동성으로 무장하고 시에서 그 어떤 의미와 주제도 배제하고 오직 날카로운 이미지의 배열을 통해 전통적인 시의 의미와 이미지 체계를 근본적으로 전복하고자 했다.

아크메이즘과 미래파와 더불어 러시아 형식주의(Формализм)는 언어와 현실에 대한 새로운 모델을 체계적이고 학문적으로 제시한다. 쉬클로프스키(В. Шкловский)는 1914년 「언어의 부활」(Воскрешение слова)이라는 글을 통해 예술이란 언어와 세계에 대한 새로운 지각을 창조하는 것이라고 주장하여 형식주의 운동의 서막을 열었다. 이후 그는 1917년 「기법으로서의 예술」(Искусство как приём)에서 예술이란 완성된 어떤 것이 중요한 것이 아니라 그것이 만들어지는 과정, 즉 그 기법들이 중요하다고 주장하며 '낯설게하기'(остранение) 기법을 대표적인 예로 제시한다. 이와 같은 논리에 기초하여 미래파 시인들과 일군의 언어학자들이 오포야즈(ОПОЯЗ : Общество ПОэтического ЯЗыка)

라는 시어연구회를 조직하였고 모스크바와 페테르부르그에 각
각 그 지부를 두게 된다. 형식주의 운동은 문학비평을 비롯하
여 문화계 전반에 커다란 반향을 불러일으켰고 이후 전 세계
지성계가 주목하는 대표적인 러시아 문학비평운동이 된다.

바흐친이 입학한 상트 페테르부르그 대학은 바로 이러한 활
발한 지적 열기의 중심이었다. 그러나 바흐친은 이런 열기에
쉽게 휩쓸리기보다 종교적인 신학모임에 보다 많은 관심을 가
지고 있었다. 바흐친이 종교적인 성향을 가지고 있었다고는
하지만 그의 사상 자체에서 종교적 색채가 짙은 것은 아니다.
그리고 이 당시 종교 운동은 러시아 혁명정신의 형성과도 깊
게 연관된 급진적인 경우가 많았다. 즉 당시 종교부흥운동은
사회운동과 거리를 둔 관념적인 보수적 운동이 아니라 새로운
사회질서와 공동체 건설과 같은 20세기 초 보편적인 정신운동
과 밀접하게 연관된 것이었다. 심지어 사회주의나 공산주의
사상과도 거리낌 없는 소통을 모색하고 있었다. 바흐친은 소
란한 사회분위기 속에서, 그리고 대학의 지적 열기 속에서 어
느 특정한 사상이나 집단에 특별한 열정을 가지고 집착하지는
않았다. 다만 고전 연구에서 상당히 깊이 있는 지식을 습득하
고 그 지식들을 당시의 일반적인 지적 흐름 속에서 재해석하
고자 하는 내적인 열망을 축적하고 있었던 것은 분명하다.

바흐친이 보다 예민하게 자신의 사상을 다듬어나간 것은
1918년 페테르부르그 근처 비텝스크(현재 프스코프) 현의 네벨이

라는 소도시에서 교사 생활을 하면서부터였다. 1917년 10월 혁명이 발발한 뒤 러시아는 곧바로 내전에 휩싸였고 극심한 정치적 혼란 속에서 대도시에서의 삶은 기아와 추위를 면하기도 힘들만큼 어려웠다. 혁명을 통해 기존의 지식인 집단을 대체하여 새로운 젊은 세대가 등장했으며 그들은 손쉽게 대학을 비롯한 각종 교육 문화 기관의 자리를 차지할 수 있었다. 분명 그것은 젊은 세대에게 일종의 기회였다. 그러나 또한 지식인들은 사소한 정치적 의심만으로도 체포될 수 있는 불안하고 위험한 상황에 처해 있었다. 대학을 마친 바흐친이 네벨이라는 소도시로 이사하게 된 것은 이 도시가 상대적으로 대도시에 비해 물질적으로 안정되어 있었고 예민한 정치적 대립으로부터 비켜 있었기 때문이다. 바흐친은 이곳의 중등학교에서 역사와 사회학, 러시아어 등을 가르치는 교사직을 얻을 수 있었다. 그러나 이곳에서 바흐친은 단순히 은거한 것만은 아니다. 바흐친은 같은 이유로 이 도시에 모여든 다양한 지식인들과 함께 철학 서클을 만들어 함께 공부하고 토론하는 매우 열정적이고 유익한 시간을 보낼 수 있었다. 이들은 혁명과 내전의 와중에서 이 조용한 시골 소도시를 새로운 문화적 공간으로 가꾸어갔다. 철학과 음악사에 관심이 많았던 V. 볼로쉬노프(B. Волошинов), 바흐친을 네벨로 불러들였던 음악가 L. 품꾄스키(Л. Пупянский), 독일에서 철학박사 학위를 받고 돌아온 칸트 전문가인 M. 카간(M. Каган), 나중에 유명한 피아니스트가 되는

M. 유디나(М. Юдина) 등이 이 당시 바흐친 서클의 주요 인물들이다. 이들은 이후 바흐친의 삶에서 오랫동안 서로 밀접한 관계를 맺고 있는 동지들이다. 이들은 혁명에 대해 다양한 태도를 보였지만 지방 소도시에서 그들의 차이가 극적인 정치적 대립으로 표출될 일은 많지 않았다. 이들은 함께 모여 다양한 철학가와 그의 저작들을 읽고 열띠게 토론하거나 문화 강좌를 통한 계몽활동을 전개하곤 했다.

이들은 이 지역의 유일한 신문이었던 『예술의 시대』(День Искусства)라는 신문에 나름대로 혁명과 새로운 시대의 도래에 대한 기대와 흥분을 담은 글들을 발표한다. 바흐친도 이 신문에 「예술과 책임」이라는 짧지만 최초의 글을 발표한다. 이 글에서 바흐친은 "삶에 대해 책임을 지지 않고 창조하는 것이 더 쉽고, 예술을 염두에 두지 않고 사는 것이 더 쉽다"고 말하면서 삶과 예술을 책임이라는 문제로 연관시킨다. 그러나 바흐친은 "예술과 삶은 하나가 아니다. 그러나 그것들은 내 안에서, 나의 책임의 통일 속에서 하나가 되어야 한다."고 결론을 내린다. 이 말은 삶과 예술을 직접적으로 단순하게 동일시하려는 태도를 비판하고 예술과 삶이 관계 맺는 것은 예술과 삶 각각의 외부에 존재하는 '내 안'에서 이루어지는 것임을 분명히 하는 것으로, 비록 선언적이지만 바흐친의 향후 문학 연구의 커다란 방향을 미리 보여주는 것이기도 하다.

바흐친은 1920년 가을에 인근에 있던 조금 더 큰 도시 비텝스크로 이주한다. 네벨에서의 상황이 악화되기도 했고 네벨에서의 철학 서클을 형성했던 많은 동료들이 더 활발한 활동을 전개하기에 적합한 이 도시로 이주해갔기 때문이다. 이곳에서도 바흐친은 여전히 많은 토론과 세미나에 참석하였고 서서히 여러 측면의 연구를 구체적으로 전개해 간다. 여기서 바흐친은 파벨 메드베데프의 많은 후원을 받는다. 메드베데프는 인민위원회 위원으로 이 지역의 교육과 문화 영역에서 마르크스주의 혁명의 이상을 실현하기 위해 노력하던 인물이었다. 그는 자신이 관계하는 당 학교와 노동조합 등을 활용하여 바흐친이 활동할 수 있는 여러 일들을 주선해주고 그 자신이 바흐친 서클에 직접 참여하여 토론을 벌이곤 했다.

대학이나 연구소에서 직업을 구하기 위해서는 학문적 이력을 축적하는 것이 필요하기는 했지만 바흐친은 서둘러 글을 발표하거나 책을 출판하지는 않는다. 그러나 비록 이렇다 할 저작이나 논문을 발표하지는 않았지만 네벨과 비텝스크 시절의 공부와 토론, 사색, 집필 등은 바흐친 사상 형성의 가장 깊은 토대를 구축하는 시기였다. 바흐친 사후에야 빛을 보게 되는 「행동철학에 관하여」(К философии поступка)(1986년 출간)와 「미적 활동에서의 작가와 주인공」(Автор и герой в эстетической деятельности)(1979년 출간)이 이 시기에 집필되었고 도스토예프스키 시학에 관련된 본격적인 구상과 집필도 이 시기에 부분적으로 이루어진 것으로 보인다.

비텝스크에서 바흐친은 인생의 반려자 엘레나 오클로비치를 만난다. 지방 공무원의 딸이었던 엘레나는 이 시기 골수염이 악화되어 고통 받던 바흐친을 지극하게 돌보았다. 이후 그녀는 오직 책상 앞에 앉아 읽고 쓰고 사색하는 바흐친을 말없이 평생을 지켜준다.

1924년 봄, 바흐친은 레닌그라드로 개명된 페테르부르그로 돌아온다. 특별히 직업을 구하거나 그럴 의도가 있었던 것은 아니다. 다만 내전이 끝나가면서 상황이 호전되어 부족하지만 국가에서 지급하는 장애연금을 받을 수 있게 되었고 연구를 비롯한 학문활동을 위해서도 레닌그라드는 지방소도시보다 절대적으로 유리한 환경이었던 것이다.

그럴만한 명성이나 이력을 가진 것은 아니었지만 바흐친이 대학이나 연구소에서 직업을 구하려고 했다면 도와줄 사람들도 없지는 않았다. 그러나 그는 굳이 애를 쓰지 않았다. 외부활동을 활발하게 전개하기에는 몸이 불편하기도 했다. 대신 그는 비공식적인 모임을 통해 토론과 학습을 계속해나갔고 비공식적인 강연이나 저술, 출판에 관련된 일을 해나갔다. 자연히 레닌그라드 생활은 미미한 연금에 의존하는 지극히 궁핍한 것이 아닐 수 없었다. 그러나 레닌그라드는 그가 읽고 싶어 하던 수많은 책과 다양한 지적 자극을 제공하면서 본격적인 저술활동에 임할 수 있는 환경을 제공해주었다. 네벨과 비텝스크에서 함께 했던 동료들도 대부분 다시 합류하여 새롭게 모임을 구성한다. 바흐친과 함께 했던 모임들은 언제나 어떤 공식적인 조직을 이루지는 않았다. 네벨과 비텝스크에서 함께 했던 동료들이 주축이 되면서 생물학자나 엔지니어 등 다양한 인물들이 수시로 드나드는 그야말로 비공식적인 '모임'이었다. 그들은 좌파와 우파를 막론하고 매우 다양한 사상적 스펙트럼을 가지고 있었지만 모두들 제각각 매우 독립적인 생각과 의식을 지니고 있는 인물들이었다.

바흐친의 본격적인 저술은 『프로이드주의』(Фрейдизм, 1927)와 『문예학에서 형식적 방법』(Формальный метод в литературведении, 1928), 『마르크스주의와 언어 철학』(Марксизм и философия языка, 1929)으로 결실을 맺는다. 『프로이드주의』에서 바흐친은 당시 유행하던 마르크스주의적 정신분석학에 대한 비판적 입장을 전개한다. 여기서 바흐친은 무의식을 의식과 별개의 실체적 공간으로 설정하려는 당시의 경향을 비판하며 무의식 역시 일종의 의식작용의 하나이고 언어를 매개로 하여 드러나는 이데올로기 분석을 통해 접근해야 한다고 하면서 일종의 사회학적 심리학을 대안으로 제시한다. 『문예학에서 형식적 방법』은 러시아 형식주의에 대한 공과를 평가하면서 역시 문학예술 작품의 언어적 분석을 중요성을 강조하되 그것의 탈사회화를 경계하고 있다. 『마르크스주의와 언어철학』은 바흐친의 후기 저작에서도 유지되는 언어철학에 대한 독특한 견해를 담고 있다. 언어에 대한 연구를 사회역사적 상황 속에서의 발화 연구로 확대해야 한다는 이른바 메타 언어학을 입론하고 있는 것이다. 이런 언어 분석 틀은 이후 도스토예프스키 작품의 언어 분석으로 더욱 구체화된다. 그런데 특이한 점은 이 책들이 모두 바흐친의 이름이 아니라 메드베데프와 볼로쉬노프의 이름으로 출간되었다는 점이다. 그뿐만이 아니라 당시 다른 여러 논문들도 바흐친은 필요한대로 친구들 이름을 빌어 발표했다. 왜 그렇게 친구들 이름을 빌어서 출판했는지에 대해 바흐친 자신은 생애 마지막까지 분명한 해명을 하지 않는다. 모임에서 함께 토론하고 학습한 결과라는 점에서 친구들의 이름을 썼다고 보는 학자들도 있고 당시의 지배적인 경향에 대립하고 싶지 않았던 의도가 있었다고 보는 학자들도 있다. 그러나 오늘날 대부분 이들 저서를 바흐친의 저술로 보는 것에 대해 이견은 없다.

1928년, 고난스럽지만 나름대로 '온순하게' 소련 체제에 은거하며 학습과 저술에 매진하고 일정하게 학문적 결실을 맺기 시작하던 바흐친의 인생역정이 '역사의 흐름'에 휩쓸리게 된다. 1920년대 후반 스탈린 체제가 본격적으로 가동되기 시작하면서 문화와 예술 영역에서 사상적 비판과 통제가 구체화되기 시작했던 것이다. 그러나 바흐친이 연루된 사건은 바흐친 서클이나 바흐친 저작의 사상성과는 무관한 다른 곳에서 발생한다. 바흐친은 종교적인 성향을 가지고 있었고 대학시절부터 종교적 인물들과 관계를 유지하고 있었다. 바흐친과 가까웠던 종교적 인물들이 '해외 반체제 세력과 연계하여 반혁명적이고 반소비에트적인 음모'를 꾸몄다는 혐의로 체포되기 시작했다. 이른바 <부활>(Воскресение) 그룹 사건이다. 이 사건은 애초부터 분명한 근거가 없었기 때문에 혐의를 확정하기 위해 몇몇 체포된 인물들과 가까운 친구들로까지 수사가 확장되었고 결국 바흐친도 체포의 손길을 피해갈 수 없었던 것이다.

바흐친은 체포되어 심문을 받고 솔로브키 군도 강제수용소에서의 5년 노동교화형에 처해진다. 그러나 주위 친구들의 많은 노력과 지병으로 인해 1930년 2월 카자흐스탄의 쿠스타나이로 5년간 유형으로 처벌이 완화되었다. 그 과정에서 부인 엘레나는 고리키의 전부인에게 청원하여 고리키가 바흐친 석방을 촉구하는 전보를 두 번이나 보내기도 했다.

이 불행한 사건의 와중에서 바흐친은 제대로 된 자신의 이름으로, 20세기 전 세계 문학계와 지성계에 길이 남을 명저 『도스토예프스키 창작의 제문제』(Проблемы творчества Достоевского, 1929년 5월. 이 책은 1963년 『도스토예프스키 시학의 제문제』(Проблемы поэтики Достоевского)로 수정 보완되어 재출판된다)를 출판한다. 당시 문화와 교육 정책 영역에서 막대한 영향력을 가지고 있던 문학비평가이자 정치가였던 루나차르스키가 이 책을 읽고 호의적인 평론을 발표했는데 그것이 바흐친의 형을 감경하는 데 적지 않은 역할을 한 것으로 알려진다. 바흐친은 이 책에서 도스토예프스키 소설을 폴리포니야(다성악)[3] 소설이라는 새로운 장르로 명명하면서 작가와 주인공의 관계, 이념, 언어, 장르 등

세부적인 분석을 그의 대화적 세계관을 전개한다. 그러나 이 책은 40여 년이 지난 1960년 중반 이후에야 본격적으로 주목을 받게 된다. 이 저작에 대해서는 이 책의 제3부에서 상세하게 살펴볼 것이다.


## 유형의 삶에서 피어오르는 영혼

1930년 3월 바흐친은 아내와 함께 카자흐스탄의 쿠스타나이로 유형을 떠난다. 유형 기간은 1934년까지 5년이었다. 당시 유형은 일종의 처벌임에 틀림없지만 하는 일이나 집필 활동에 커다란 제약은 주지 않고 다만 주요 활동거점으로부터 위험인사들을 격리시킨다는 의미를 지닌 것이었다.

바흐친은 힘겨운 고립 속에 생존 자체가 위협받는 역경에 처했지만 특유의 부드러움과 낙천적 성격, 자신을 주장하기보다 남의 말을 귀 기울여 듣고자 하는 이해심 깊은 태도로 유형 생활을 극복해갔다. 소련방에 포함된 카자흐스탄의 쿠스타나이에는 새로 도입되는 새로운 경제 관리체제나 회계 제도 등을 이해할만한 지식인들이 많지 않았다. 비록 유형 중이었

---

[3] 이 책에서 폴리포니야 소설, 혹은 다성악 소설을 같은 뜻으로 사용한다. 폴리포니아 소설은 장르의 개념을 강조할 때, 다성악 소설은 그 다성악적 세계관을 강조할 때 문맥에 따라 쉽게 이해될 수 있는 쪽을 택하기로 한다.

지만 바흐친과 부인은 지역 주민들에게 회계 관리를 도와주고 가르침으로써 지역의 관리들과 주민들에게 호감을 얻을 수 있었다. 이를 통해 바흐친 부부는 약간의 보수를 받고 음식, 담배 등 생필품을 조달하며 살아갈 수 있었다.

이 시기 바흐친은 소설론과 소설 언어에 대한 이론화에 관심을 집중하여 「소설 속의 말」(Слово в романе)을 집필한다. 이 원고는 1936년에 완성되지만 그의 사후인 1975년에야 발행될 수 있었다. 이 논문은 유럽 소설사에 나타난 문체론을 재검토하고 소설 언어의 다양성을 분석하면서 『마르크스주의와 언어철학』, 도스토예프스키 연구의 기본적인 전제들을 보다 구체적이고 분석적으로 확대하고 있다.

1934년 유형기간이 끝났지만 바흐친 부부는 딱히 별다른 계획을 세우지 않고 2년여 쿠스타나이에 더 머무르다가, 1936년 휴가 중에 레닌그라드를 방문하여 친구들을 만났고 메드베데프의 추천으로 모르드바 자치공화국의 수도 사란스크에 있는 모르드바 교육대학에서 문학 강사 자리를 얻었다. 당시 이 지역의 교육 진흥에 선두에 서있던 이 대학에서 바흐친은 세계 문학과 러시아 문학을 막론하고 다양한 강의를 진행했다. 심지어 마르크스-레닌주의 야간대학에서 <문학과 예술에서 당파성에 대한 레닌과 스탈린의 견해>라는 주제로 강연을 하기도 했다. 어렵지만 나름대로 소련 체제에서 적절한 생활의 안정을 찾아갈 수 있을 것 같은 분위기였다. 그러나 이곳 사란스크에서의 생활도 오래 지속될 수 없었다. 소련 내 사상적 숙청 분위기가 고조되면서 유형의 이력을 가진 바흐친과 그를 초청한 대학장이 곤경에 빠질 위험이 높아졌기 때문이다. 채 2년도 되지 못해 바흐친은 새로운 일자리와 거처를 찾아야 했다.

바흐친은 레닌그라드나 모스크바에서 직장을 구하기도 힘들었지만 무엇보다 정치적으로도 그런 지역에서의 생활은 작지 않은 위험을 감수해야 했다. 결국 바흐친 부부는 모스크바와 레닌그라드 중간쯤에 있는 사벨로보 마을에 있는 친구의 별장으로 옮겨간다. 모스크바에서 300킬로미터 가량 떨어진 사벨로보는 사란스크보다 한적한 시골 마을이었고 생활조건은 더욱 힘들었다. 더구나 사벨로보에 도착했을 때 골수염이 더욱 심해진 바흐친은 거동조차 힘들었고 직업을 찾지 못해 친구와 가족의 도움으로 기아를 면할 정도의 생활을 이어갈 수밖에 없었다. 그러나 모스크바에서 기차로 다섯 시간 가량 걸리는 거리였기 때문에 필요한 논문이나 서적들을 친구들이 구해다 줄 수 있었고 바흐친 자신도 가끔씩 모스크바를 방문할수 있었다. 이런 점에서 이곳은 바흐친에게 훨씬 좋은 학문적인 환경이었고 아주 생산적인 결과를 가져다 주었다. 게다가 2차 세계대전에 소련이 참전하면서 지식인 인력이 부족해지자 바흐친은 1941년부터 지역 중등학교에서 러시아 어문학과 독일어 교사로 임명되어 생활이 조금 풀려나간다.

이 시기에 바흐친은 그동안 집필하던 논문들을 완성하고 새로운 저술도 시작하는 등 왕성한 지적 활동을 전개할 수 있었다. 「리얼리즘의 역사에서 교육소설과 그 의의」(Роман воспитания и его значение в истории реализма. 1936~1938)가 이 시기에 완성되었다. 1938년에는 숙청의 바람이 잦아들고 정치상황은 호전되었다. 바흐친은 1940년 소련 과학 아카데미 산하 세계문학연구소와의 교류를 통해 정식 직위를 얻지는 못했지만 공동연구와 발표, 원고 집필 등에 종사할 수 있었다. 동 연구소에서 「소설 속의 말」, 「문학 장르로서의 소설」(Роман как литературный жанр)에 관한 발표를 하고 문학 백과사전의 「풍자」 항목 집필을 의뢰받기도 했다. 「문학 장르로서의 소설」은 나중에 1970년에 「서사시와 소설」(Эпос и роман)로 출간된다. 그리고 학위 논문으로 제출하기 위해 프랑수와 라블레에 관한 논문을 대략 집필한 것도 1940년 무렵이다. 이 논문은 1947년 학위(독토르) 논문으로 제출되었지만 여러 방향에서 비판적인 목소리가 제기되어 논문 심사가 오랫동안 지체되고 수정되다가 1952년 결국 우여곡절 끝에 바흐친은 독토르보다 한 단계 아래인 칸디다트 학위를 받게 된다. 바흐친의 카니발 이론을 다양하게 보여주는 이 논문은 1965년 『프랑수아 라블레의 작품과 중세 및 르네상스기의 민중문화』(Творчество Франсуа Рабле и народная культура средневековья и Ренессанса)라는 제목의 책으로 출판된다. 바흐친은 이 책에서 라블레의 작품을 통해 중세 민중문화의 카니발 정신과 카니발적 세계관의 의미를 상세하게 분석하고 있다. 이는 도스토예프스키의 폴리포니야 소설 장르에 대한 분명한 뒷받침이 되는 연구라고 말할 수 있다. 바흐친은 이처럼 초기 저작의 기본 입론을 거듭 풍부하게 확대하고 구체화하고 있다. 카니발과 카니발적 세계관에 대해서는 이 책의 제2부에서 상세하게 다룰 것이다.

## 바흐친의 재발견

1945년 10월 바흐친은 사란스크 교육대학의 문학부 학과장으로 임명된다. 전시에 교사 생활을 하였고 여러 논문을 발표한 점 등이 바흐친의 정치적 이력을 상쇄해줄 수 있었던 것이다. 사란스크가 정치적으로 예민한 대도시가 아니었다는 점, 전후 교육 부흥을 위한 사란스크 시당국의 의지와 교육을 담당할 수준 높은 지식인이 태부족이었다는 점, 게다가 우호적인 사란스크 지식인들 덕분에 바흐친은 사란스크에서 비로소 정규 교수로서 안정된 일자리와 연구 공간을 확보할 수 있었다.

바흐친은 강의를 아주 잘했다. 서양의 고전에 대한 풍부한 지식과 신중하면서도 열정이 깃든 그의 강의는 문학부 학생들뿐만 아니라 다른 학부의 학생들에게도 인기가 있었다. 그의 강의실에는 항상 많은 학생들이 자리를 다투며 모여들었다. 바흐친은 그리스어나 라틴어 시를 원어로 암송하기도 하고 막

힘없이 유려하게 시의 의미를 해석해주기도 했다. 바흐친은 대학에서 뿐만 아니라 극장이나 연주회장, 공장 노동자 모임과 교사 모임, 공직자 모임 등에서도 인기 있는 초청 강사가 되었다. 정치적 이유로 유형에 처해지고 평생 이렇다 할 직장도 없이 오직 인문학 연구와 저술에 매달려왔던 바흐친에게 사란스크의 교수직은 뒤늦게 찾아온 기회였고 바흐친은 세심한 언행과 책임감을 가지고 직무를 수행했다. 레닌과 스탈린의 문예정책에 대한 적절한 인용도 잊지 않았고, 소련의 공식 문예 이데올로기였던 사회주의 리얼리즘에 대해서도 일정한 학문적 관심을 표명하곤 했다. 자신의 학문적 경향과 분명한 차이가 있는 소련의 공식 이데올로기에 대해 바흐친이 적극적인 비판에 나서지 않은 배경에는 분명 정치적 고려가 담겨 있는 것이겠지만 그렇다고 바흐친이 생존을 위해 그와 같은 태도를 취했다고 단언하기는 힘들다. 사실 바흐친은 대립적인 논쟁에서 일방적인 자신의 논리를 주장하는 것을 별로 좋아하지 않았다. 바흐친은 그저 자신과 다른 주장을 반박하지 않고 그 자신이 더욱 좋아하는 그리스 고전과 서양 고전 문학에 대해 훨씬 더 많은 관심을 가졌을 뿐이다. 어찌됐든 바흐친은 사란스크에서 교수로서 매우 성실한 모범을 보였을 뿐만 아니라 지역의 명사로서 이름을 날리기도 했다. 심지어 모르드바 최고 소비에트는 바흐친에게 근속상을 수여하기까지 했다.

그러나 직업적 안정과 명성, 생활의 안정은 학자로서의 연구시간의 희생을 바탕으로 얻어지는 것이다. 사란스크 대학에서 1961년 퇴직할 때까지 바흐친은 여러 종류의 강의와 강연, 개별적인 학생 지도, 학과장으로서의 행정 업무 등에 시달리며 평생 매달려왔던 연구를 더 이상 진척시키지 못하고 있었다. 짧은 글과 단상들이 원고 상태로 남아서 사후에 모음집으로 출판된 정도였다.

사란스크에서 안정된 생활을 하면서 나름대로 사회적 인정을 받았다고 해서 바흐친의 학문적 업적이 제대로 평가받고 또 그에 값하는 전국적 관심을 받은 것은 물론 아니다. 냉정하게 말해 사란스크에서 바흐친의 삶은 어쩌면 생존을 위한 은둔이었다고 말해도 지나친 말은 아니다. 젊은 시절 바흐친과 함께 했던 많은 동료들이 불운한 운명의 곡절 속에서 몰락해 갔던 사실을 돌아보면 더욱 그러하다. 『문예학에서 형식적 방법』을 바흐친을 대신하여 출판했던 메드베데프는 체제에 순응하며 출세의 가도를 달리는 듯 했지만 갑자기 체포되어 총살을 당했고, 역시 『마르크스주의와 언어철학』을 자신의 이름으로 출판했던 볼로쉬노프는 결핵으로 사망했다. 일찍부터 대학 교수로 활동했던 품판스키는 암으로 죽었고 주바킨과 루게비치 등도 수용소 생활 끝에 사망한다. 30, 40년대 스탈린 체제의 가혹한 정치적 탄압과 전쟁으로 인한 고통스러운 삶은 지식인들에게 아주 작은 일상적인 공간, 연구와 교육의 공간마저도 쉽게 허용하지 않았다. 이런 점을 고려하면 바흐친의 '은

둔'은 그로서도 어쩔 수 없는 선택이었고 그나마 운이 좋았다고 말할 수 있을 것이다.

이 무렵 앞서 말한 바와 같이 바흐친의 제자를 자처한 바딤 코쥐노프와 세르게이 보차로프, 게오르기 가체프 등과 같은 젊은 학자들과 그들에 공감하는 많은 학자들이 바흐친의 저작을 새롭게 출판하는 일에 팔을 걷고 나섰고 바흐친 부부의 건강과 생활까지 챙기기 시작했다. 그 결과 1963년 도스토예프스키에 관한 저서가 수정 보완되어 『도스토예프스키 시학의 제문제』로 출판되었다. 곧이어 1965년에는 라블레에 관한 박사학위 논문이 『프랑수아 라블레의 작품과 중세 및 르네상스기의 민중문화』라는 제목으로 출판된다. 가장 대표적인 저작이 비로소 세계적으로 널리 알려질 수 있는 계기가 마련된 것이다.

그러나 젊은 세대에게 거의 전설적인 수준의 학자로서 재평가되는 시점에, 그리고 세계적인 주목을 받기 시작할 무렵에 바흐친은 두 다리를 거의 사용하지 못할 정도로 건강이 악화된다. 1969년 바흐친은 제자들의 도움을 받아 모스크바의 병원으로 이송된다. 그리고 1970년에는 모스크바에서 그리 멀지 않은 그리브노 <인민의 집>에 방을 구하여 이사한다. 그러나 1971년 말없이 차와 담배, 음식을 챙겨주며 바흐친을 돌보던 아내 엘레나가 사망한다. 아내의 사망으로 바흐친은 절망적인 상태에 빠져 삶의 의욕을 거의 상실한다.

주변의 학자들과 친구들은 바흐친이 모스크바에 정착할 수 있도록 아파트를 구해주기 위해 백방으로 노력했다. 마침내 1972년 바흐친은 작가동맹의 유력한 인물들이 후원해준 덕분에 작가동맹 몫의 모스크바 아파트 한 채를 구입하여 이사할 수 있었다. 이 아파트에서 바흐친은 새로 출판되는 저서들을 준비하거나 수정하고 서문을 썼다. 그리고 제자들과 친구들과 폭넓은 대담을 나눌 수도 있었다.

이 시기에 집필한 「『신세계』 편집진의 물음에 대한 답변」 (Ответ на вопрос редакции 『Новый мир』), 소비에트 작가동맹 기조 강연, 논문 「언어 예술과 민중의 웃음 문화(라블레와 고골)」 (Искусство и народная смеховая культура : Рабле и Гоголь), 「소설에서 시간과 공간」(Время и пространство в романе), 「언어의 미학에 관하여」(К эстетике слова) 등을 비롯하여 짧지만 강렬한 인상을 주는 단편적 메모들은 바흐친의 말년의 성숙한 사상들을 다양하게 보여주고 있다. 그의 전 생애에 걸친 연구들과 이 말년의 메모와 단상들을 보다 심층적으로 연구하는 일은 아직도 남아있는 과제다.

바흐친은 1975년 3월 7일 새벽에 운명했다. 그를 따르던 젊은 학자들을 비롯하여 많은 사람들이 장례식에 참석하여 평생토록 '완결되지 않은 세계'를 지향하며 그 세계에서의 '완결될 수 없는 말들'을 강조하던, 조용하면서도 깊었던 한 학자의 죽음을 애도했다. 그러나 진정한 바흐친은 그의 사후에 다시 더욱 새롭게 빛나기 시작한다.

# 다성성과 카니발의 민중정신

## 다성성, 근대성의 새로운 지평

바흐친은 대화주의라는 이름으로 가장 널리 알려져 있다. 대화주의라니, 대화를 중시하자는 것인가? 오늘날 우리 사회에서 대화와 소통을 강조하지 않는 사람이 없을 정도로 대화와 소통은 가장 온건하면서도 대중적으로 확실한 인기를 누리고 있는 용어이다. 심지어 자신의 주장만을 강력하게 내세우는 권력자조차도 늘 내세우는 화두는 대화와 소통이다. 과연 바흐친이 자신의 사상의 토대로 삼고 있는 대화주의라는 것은 그런 것인가? 보통 우리는 대화와 소통을 말하면서도 실상은 자신의 주장과 자신의 믿음을 보다 효과적으로 상대방에게 전달하는 것을 대화로 오해하는 경우가 많다. 물론 그것 역시 상대와 이야기를 건넨다는 점에서 형식적으로 대화임에 틀림없겠지만 바흐친의 대화주의는 진리전달이나 진리발견의 형식이 아니라 세계와 인간의 존재 양상 자체에 대한 철학적 태도를 의미하는 것으로 보는 것이 더 정확하다. 그런 점에서 바흐친이 말하는 대화에는 바로 잉여의 자아를 가진, 결코 서로에게 서로를 모두 가져다바칠 수 없는 주체가 전제되어 있다고 말할 수 있다.

바흐친은 무엇보다 세계와 인간이 하나로 해석되거나 위계적으로 질서가 부여되어 있다는 생각에 반대한다. 인간과 세계는 그 누구에 의해서도 하나의 진리로 해석되거나 의미 부여될 수 없다. 지배문화는 인간과 세계를 끊임없이 하나로 해석하려는 독백적 세계관을 구축하고 그에 근거하는 지배질서를 형성하고 유지하고자 한다. 그러나 바흐친이 보기에 민중문화와 저항문화는 늘 새로운 목소리, 다원적 가치를 향해 자신을 발전시켜왔다. 바로 이 민중문화의 세계관이 바흐친이 주목하는 대화적 세계관인 것이다.

이와 같은 바흐친 사상의 핵심을 이해하기 위해서는 바흐친이 말하는 독백과 독백적 사회, 그리고 대화와 대화적 세계의 대립에 대해 먼저 살펴볼 필요가 있다.

하나의 세계, 단일한 가치관이 지배하는 사회, 어쩌면 그것은 참으로 행복한 사회일 수 있다. 과연 이런 사회는 존재하는가. 이를테면 군대를 생각해보자. 군대의 모든 조직과 구성원은 단 하나의 가치관으로 결합되어야 한다. 그 가치관에서 벗어난 것은 그 조직을 위태롭게 하거나 목적 달성에 저해요인이 된다. 그리하여 그 조직 내에서는 하나의 가치관이 철저하게 관철되면 될수록 조직의 생존력이 높아진다. 군대뿐만이 아니다. 20세기의 전체주의 사회로 비난받는 히틀러나 스탈린, 혹은 수많은 독재 군사정권 하의 사회도 항상 단일한 가치관, 단일한 세계를 개인에게 강요하고 있다. 그리고 당연히 거기에서 벗어나는 어떠한 가치적 활동도 철저하게 억압되고 배제된다. 그뿐만 아니다. 21세기 신자유주의와 세계화 과정은 우리의 삶을 점점 더 자본주의적 질서로 일원화해가고 있다. 오직 단 하나, 돈만이 우리 삶의 모든 가치를 평가하는 유일한 잣대가 되어가고 있는 것이다. 이런 상황에서 우리의 삶과 일상적 사회생활은 점점 더 단일한 지시적 가치와 독백적 문화로 축소되어가고 있는 것은 당연한 일이 아닐 수 없다. 물론 오늘날 대화와 소통이 너무나 강조되고 있지만 대부분 그것은 진정한 대화와 소통을 의미하기보다 독백적 가치 전달의 다른 표현이다. 어쩌면 그러한 단일한 가치관이 지배하는 단일한 사회 그 속에 속해 있을 때, 즉 그 가치관을 불편해하지 않거나 심지어 그 가치관 아닌 다른 어떤 것에 대해 알지도 의식하지도 않을 때, 그 구성원들은 그 조직 속에서 평안하고 행복해 할지도 모를 일이다. 단일한 세계는 '나'와 '너'(타자)의 구별이 있다 해도 본질적으로는 아무런 차이가 없는 사회이다. '나'와 집단, 국가, 민족 사이에 아무런 본질적 차이가 없는 사회, 심지어 '인간'과 '자연' 사이에도 경계는 있지만 그 본질적 지향이 일치하는 사회, '나'의 내면과 외면 사이에도 왜곡이나 차이가 발생하지 않는 사회, 그것이야말로 낙원 아니겠는가. 인간과 동물과 자연이 혼연일체가 되어 있는 단군 신화의 시대, 아담과 이브가 살던 사회가 바로 그럴 것이다. 아담과 이브에게 어제와 오늘은 다르지 않고 오늘이 또한 내일과 다르지 않다. 시간이 영원히 정지된 상태, 그것은 역사가 필요하지 않은 상태이고 어떤 본질적 갈등도 없는 상태이다. 상상하기만 해도 행복할 것 같다(아니, 오늘날의 '타락한' 우리에겐 지루할 수도 있겠다).

바흐친은 사회적 삶에 실재하는 다양한 언어(문체)는 각각 독백적이라고 본다. 즉 농민의 언어, 귀족의 언어, 기도의 언어, 정치적 언어 등등 어떤 사회집단의 언어나 어법적 장르의 언어 등은 각각 자신의 가치지평을 지니고 있으며 이데올로기적으로 충만해 있다는 것이다. 이러한 독백적 언어는 자신의 대상에 대하여 단일한 의미를 부여하고자 노력하며, 자신의 세계관을 논리적으로 끝까지 밀고 나가면서 자신을 유일하게 가능한 세계관으로 느끼게 된다. 이로 인해 독백적 세계관은 현실에 대한 다른 가능한 접근방식들을 원칙적으로 무시하거나 혹은 권위를 동원해서라도 거부하게 된다. 순수한 형태의 독백적 언어는 남의 견해에 대해 신중한 태도를 취하는 것을 모를 뿐만 아니라 어떤 자기비판도, 그리고 자신의 인식적 불완전성, 제한성, 역사적 존재로서의 시간적 제한성 등을 고려하지 못한다. 바흐친에 따르면 고대로부터 고전주의 시대에까지 대부분의 고급 문학이 이러한 독백적 언어에 기초해 있다. 이러한 독백적 언어에 근거한 문학은 항상 현실 삶과의 일정한 거리를 지니고 있을 뿐이다.

이를테면 여우와 학에 대한 이솝 우화를 생각해보자. 자신의 집에 학을 초대한 여우는 넓은 접시에 음식을 담아 학이 잘 먹을 수 없도록 했고 반대로 학은 여우를 초대하여 긴 호리병에 음식을 담아 여우가 제대로 먹을 수 없도록 복수를 한다. 자, 이런 우화에서 달리 해석할 여지가 있는가. 이 이야기를 하는 사람이나 이 이야기에 등장하는 여우와 학은 상대를 배려하지 않으면 결국 자신도 배려를 받을 수 없다는 최종적인 이념의 한계 속에서 활동한다. 아주 간단한 도식적 이념이 이 작품을 지배하고 있다. 물론 그 최종적 이념은 당연히 선하고 유익한 것이다. 이런 구도는 조금 더 복잡한 구도 속에서, 이를테면 어린이용 위인전이라든가 중세의 성자전, 성공한 사람들의 유치한 자서전 등에서도 거듭 반복된다. 그런데 만일 좀 더 복잡한 구도의 텍스트에서, 장편소설에서도 그와 같은 단일한 이념의 체계가 지배적이라면 어떨까. 바흐친은 바로 그런 텍스트를 독백적이라고 말하면서 그 대표적인 예로 톨스토이를 들고 있다. 톨스토이 문학에는 진정한 의미에서 작가와 작중인물들 사이의 대화관계가 존재하지 않는다. 그 어떤 경우에도, 작중 인물들이 작가의 사상과 아무리 대립적일지라도, 그리고 작중 인물들이 사회적 전형으로, 심리적 인류학적 전형으로 발전하더라도, 궁극적으로 그들은 작가 톨스토이의 이념적 목소리를 전달하는 수동적 매개자의 수준을 넘어서지 못한다는 점이 바흐친의 판단이다. "거기에는 오로지 하나의 인식하는 주체가 있을 뿐이며 나머지 모든 것은 그 인식의 객체에 불과할 뿐이다. 거기에는 주인공과 작가의 대화적 관계가 불가능하므로 주인공과 작가가 동등한 권리를 가지고 참여할 수 있는 '커다란 대화'가 존재하지 않고 오로지 작가적 시야의 내부에서 구성상으로 표현된 주인공의 대상화된 대화만이 있을 따름이다."(『시학』, 107)[4] 과연 정말로 톨스토이 작품 모두가 그러한지, 그 구체적인 판단에 대해서는 이견이 얼마든지 가능할 것이다. 이를테면 톨스토이의 장편『안나 카레니나』에서 작가의 이념과 등장인물 간의 이념적 격차나 작가로부터 독립적인 의식을 가진 주인공과 그 예술방법 등에 대해서 바흐친 식의 독백성을 넘어서는 분석을 해낼 수도 있다. 그러나 그런 구체적 판단 여부와는 무관하게 바흐친이 지적하는 독백성과 대화성, 다성성의 문제의식 자체는 그 중요성을 상실하지 않는다.

바흐친은 그런 독백적 세계, 독백적 문화에 폴리포니야적

---

[4] 『도스토예프스키 시학의 제문제』는 『도스토예프스키 시학』(김근식 역, 정음사, 1989)으로 우리말로 번역되었다. 이 책의 인용은 본문 안에 『시학, 번역서 쪽수』로 표기한다. 단 인용문은 원문과 대조하여 필요한 경우 수정하였다.

세계, 대화적 문화를 대립시킨다. 인류의 문화는 독백의 세계로부터 대화의 세계로 진화했다는 것이다. 바흐친이 주목하는 민속적 저급 장르와 소크라테스식 대화들, 메니푸스 풍자 등에서는 상호조명과 상호비판 속에 실재의 풍부한 삶과의 접촉이 생생하게 존재한다. 이러한 풍부한 민속적 전통은 전(前) 소설적 단초이며, "유럽 문명사에 나타난 아주 특수한 균열—사회적으로 고립되고 문화적으로 서로 무관심한 반(半)가부장적 사회로부터 벗어나 국가들과 언어들 상호간의 접촉과 관계로의 진입—에 의해"[5] 전개된 '언어적 이데올로기들의 원칙적인 탈중심화의 시대, 다언어적 세계'에 대한 예술적 표현으로서 소설이라는 장르를 탄생시키게 된다. 소설은 수많은 독백적 언어들이 "상호 몰이해의 극단을 지향하는"(「소설 속의 말」, 178) 대화적 대립—비완결적이며 출구가 없는—을 이루고 있는 장르인 것이다. 다시 말해 소설이 탄생하게 되는 '현재'는 중세 유럽사회의 팽창과 균열, 그리고 다언어성과 다문화성을 특징으로 한다. 이러한 현재에 대응하여 소설은 다양한 민속적 크로노토프의 형식을 실험하고 언어적 다양성을 작품에 도입함으로써 현실을 재현하는 근대적 소설 형식으로 발전해온

---

[5] 「서사시와 장편소설」, 『장편소설과 민중언어』, 창작과 비평사, 1988, 27쪽. 『장편소설과 민중언어』는 바흐친의 논문모음집 『문학과 미학의 제문제』(Вопросы литературы и эстетики, 1975)를 번역한 것으로 「서사시와 장편소설」, 「소설 속의 말」, 「소설 속의 시간과 크로노토프의 형식」 등을 담고 있다. 이후 이 책에서의 인용은 본문에 「논문명, 쪽수」로 표기한다. 단 인용문은 원문과 대조하여 필요한 경우 수정하였다.

것이다.

대화의 세계는 '각기 완전한 가치를 띤', 그리고 '동등한 권리와 각자 자신의 세계를 가진' '다수의 목소리와 의식들'의 세계이다. 이 세계에서는 하나의 목소리로 서로 다른 목소리가 지배되거나 배제되지 않는다. 다수의 목소리들은 결코 하나의 목소리로 융합되지 않는다. 그렇다고 해서 그 목소리들은 서로 별개로 서로 아무 관계없이 존재하는 것은 아니다. 그들은 동시대에, 혹은 동일한 역사 속의 어떤 사건으로 결합되어 있다. 바로 그런 양상을 바흐친은 폴리포니야라는 음악용어로 담아냈다. 폴리포니야(polyphony, полифония)란 다성악(多聲樂), 즉 여러 소리가 합쳐져 어우러짐을 뜻하는 음악용어이다. 오직 하나의 독립적 소리로 구성되는 단성적 음악에 대비되는 개념으로 다성악은 서로 다른 소리가 대위법에 의해 조화롭게 결합된 음악 형태를 가리키는 것이다. 폴리포니야라는 개념은 음악에서 빌려온 것이지만 그렇다고 음악적 의미를 그대로 반복하는 것은 아니다. 바흐친은 하나의 문학 작품에 작가의 목소리뿐만 아니라 다른 주인공들의 목소리가 다성적으로 결합되어 있다는 점을 말하기 위해 폴리포니야라는 개념을 도입하고 있다.

독립적이며 융합하지 않는 다수의 목소리들과 의식들,
그리고 각기 완전한 가치를 띤 목소리들의 진정한 다성악

은 실제로 도스토예프스키 소설의 핵심적인 특성이 되고
있다. 그의 작품에서 전개되고 있는 것은 한 작가의 의식
에 비친 단일한 객관적 세계에서의 여러 성격들과 운명들
이 아니라, 동등한 권리와 각자 자신의 세계를 가진 다수
의 의식들이 비융합성을 간직한 채로 어떤 사건의 통일체
속으로 결합하고 있는 과정이다.

『시학』, 11

어찌 보면 쉬운 설명 같지만 사실 이 속에 바흐친의 핵심적
인 사상이 모두 담겨있다. 폴리포니야란 개념 속에 바흐친이
주목하고 있는 대화적 세계관, 카니발과 민중 사상 등이 하나
로 응축되어 있다고 말할 수 있는 것이다. 우선 세계에는 하나
의 목소리나 하나의 진리만이 존재하지 않는다. 하나의 진리
가 만일 존재한다고 하더라도 그 진리에 대한 인간의 의식 내
의 반영과 그것을 표현하는 목소리는 결코 하나일 수가 없다.
'결코' 융합될 수 없는(언제나 각자의 잉여를 가지는) 인간의 의식(그
것이 있어야만 인간이랄 수 있다)은 그와 같이 독립적인 다른 의식과
세계를 향해 대화적 관계 속에 존재한다. 그러나 그 관계는 서
로의 융합을 목표로 하는 진리로의 과정이 아니라 우연적인
사건 속으로 함께 결합하며 새로운 창조로 나아가는 과정이다.
즉 대화적 관계는 어떤 목적을 향한 수단이 아니라 그 과정
자체가 이미 목적이 된다. 물론 과정 자체가 목적이 된다는 말
은 바흐친의 대화주의를 이해하기 위한 조금 극단적인 표현이

다. 어떻게 무한한 과정 자체를 목적이라고 할 수 있겠는가. 그러나 우리의 인생이 특정한 목적을 향해 달려가는 달리기가 아니라면, 종교적 이상이나 정치적 이상, 민족적 이상, 개인적 영달을 위해 달려가는 과정이 아니라면, 우리는 우리 인생을 과정 자체라고 말할 수도 있지 않을까. 매순간 우리가 살아가는 현재를 중요시하고 그 의미를 찾으려는 노력 자체를 소중히 여기는 자세를 강조한다는 뜻에서 말이다. 그러나 그렇다 하더라도 인생은 아무런 목적이 없는 것일까. 국가가 동원하는 이데올로기를 추앙하여 거기서 인생의 목적을 발견하거나, 종교적 이상에 자신을 던지는 그런 것이 아니라 하더라도 우리들 삶의 이상과 가치, 그것은 없는 것일까.

여기서 우리는 이런 문제의식 자체를 좀 더 넓은 의미로 확대해서 이해해보자. 20세기 철학은 아마도 독백성의 극복과정이라고 말해도 과언이 아닐 것이다. 흔히 말하듯이 근대 철학은 주체의 자기동일성과 합리성에 기초하고 있다. 그러나 20세기에 들어서면서 주체적이고 합리적이라고 생각했던 인간과 인간 이성이 오히려 비주체적이고 불합리한 측면을 드러내게 되었을 때 바로 근대 비판이 시작된다. 자유롭고 주체적인 인간, 그것이 중세의 신적 가치와 신적 세계로부터 독립할 수 있는 근대 인간의 전제조건이었다. 그러나 20세기의 인간은 전체주의에 의해 동원되는 비주체적 인간이기도 했고 인간에 의한 인간의 억압이라는 불합리성을 자행하는 존재이기도 했다.

19세기 말에서 20세기 초 서구의 전세계적 식민지배 질서 구축이 그러했고, 20세기 양차 세계대전이 역시 그런 사실을 웅변한다. 나치즘과 파시즘의 동원된 군중과 그들의 불합리한 인간성 말살행위 역시 20세기가 잔혹한 야수의 시대임을 증명한다. 그뿐만이 아니다. 인간 사회의 모순을 극복하고 보다 인간적인 사회로 혁신한다는 명분을 내세웠던 사회주의 이념과 혁명 역시 인간을 보다 해방된 존재로, 보다 합리적이고 보다 주체적인 존재로 만들어주기보다는 오히려 더욱 종속적이고 수동적인 존재로 위축시켰다(최소한 지금까지의 역사적 결과로 보건대)는 비판을 면하지 못하고 있다.

이런 맥락에서 바흐친의 폴리포니야 개념은 대화성, 상대성, 동시대성, 주체의 타자성, 타자의 주체성, 주체와 타자의 소통성 등과 같은 핵심어들을 포괄하면서 현대 철학과 현대 문화론의 깊숙한 문제의식을 선취하고 있다. 또한 단순하게 앞서 포착하고 있을 뿐만 아니라 오늘날 우리에게 제출된 다양한 현대 철학적 문화적 논점들의 근저를 가로지르면서 여타 논의들을 앞서간다. 근대 계몽철학의 자기 동일성에 대한 비판으로부터 출발하는 프랑크푸르트 학파의 비판이론, 이성 중심주의(로고센트리즘)와 인간 중심주의를 비판하면서 주체를 해체하고자 했던 해체주의, 주체 중심주의를 극복하기 위해 구조의 개념을 끌어들였던 구조주의, 구조적 주체의 개념조차 새롭게 극복해야 한다는 탈구조주의 등 다양한 현대의 철학 사조들의 핵심적 논리들을 이미 바흐친은 1920, 30년대에 선취하고 있었다. 또한 바흐친은 인간의 문화적 미래에 대해서 그 이후의 다양한 현대 사조들보다 훨씬 신선한 전망을 제시하고 있다. 이런 점에서 1970년대 서유럽에서 '발견한' 러시아의 바흐친은 그저 놀라울 뿐인 진경이었다. 그 놀라움은 이내 '바흐친 산업'이라고 불릴 만큼 모든 인문 사회 분야에서 저마다 '한 삽씩' 바흐친을 퍼가려는 호들갑, 혹은 센세이션으로 변해갔다. 그러나 바흐친과 그의 대화주의에 대한 보다 깊은 이해와 현재적 실천 논리로의 승화는 여전히 우리와의 대화적 긴장과 상호관계를 기다리고 있다.


## 서사시와 소설

바흐친이 폴리포니야 개념을 개척한 것은 도스토예프스키 소설, 즉 문학 장르를 통해서였다. 따라서 폴리포니야 개념을 이해하기 위해서는 무엇보다 먼저 바흐친이 소설의 발전과정을 이해하는 방식을 살펴볼 필요가 있다.

서사시는 근본적으로 한 집단 내에서 모든 가치 판단이 이루어진 절대적 과거를 대상으로 하는 고급 장르이다. 무엇보다 한 민족의 신화적 기원이나 영웅에 대한 이야기인 것이다. 절대적 과거라는 말은 상대적 과거라는 말과 비교하면 이해가

쉬울 것이다. 서사시의 이야기는 서사 시인이 누구냐에 따라 그 내용과 이념이 변화되지 않는다는 점에서 절대적이다. 그리하여 그것은 서사시를 쓰고 읽는 지금 '나'(서사 시인이나 서사시 독자)의 경험과 가치관, 현실로부터 일정한 거리를 가지고 있다.

서유럽 소설사에서 소설의 탄생은 종종 서사시와의 관계 속에서 고찰된다. 아리스토텔레스의 시학에 담겨 있는 서사시 시학에 대한 이론 역시 그대로 현대 소설의 시학 원리로 자주 인용되고 있다. 서사시의 서사, 즉 구성 원리나 기법 등이 소설의 그것과 매우 친연성을 가지고 있기 때문에 그 형식적 측면에서 서사시와 소설의 연관성을 운위하는 것은 충분히 이해할 만한 일이다. 그러나 소설과 서사시의 관계에 대해서는 극단적으로 대립되는 견해가 존재한다. 소설의 기원을 직접적으로 서사시에서 유래한 것으로 고찰하는 것이 그 하나이고, 소설이 서사시와는 다른 고대 소설로부터 유래한다고 보는 것이 다른 하나이다. 이렇게 대립되는 견해를 낳는 핵심적인 문제의식은 소설과 현실의 상호관계이다. 이를테면 20세기 마르크스주의 문학이론을 정초한 게오르그 루카치에게 서사시는 총체성이 선험적으로 주어져있는 시대의 산물이다. 그러나 소설은 "삶의 외연적 총체성이 더 이상 구체적으로 주어지지 않고, 또 삶의 의미 내재성은 문제가 되고 있지만, 그럼에도 총체성을 지향하고자 하는 시대의 서사시"[6]이다. 서사시가 종족이나 씨족이나 사회 전체의 투쟁을 총체적으로 그릴 수 있었던 시대, 다시 말해 "본질적으로 사회적 분업이 상대적으로 미발달"[7]한 시대를 배경으로 한다면, 소설은 매우 진부하고 옹색해진 일상, "진정으로 생활을 고양시킴직한 시를 생활 속으로 갖고 들어가려는 모든 시도는 아무런 관계도 없는 이물(異物)로 받아들여지는"(『본질과 역사』, 129) 자본주의적 분업이 이루어진 사회를 배경으로 하기 때문이다. 루카치에 따르면 서사시와 소설이 '행위의 이야기적인 형상화'라는 공통성을 가지고 있지만, 소설의 배경이 되는 것은 부르주아적 현실, 자본주의적 현실로서, 서사시를 창조하기 "나쁜" 것이며, "진정한 행위를 형성"하기에 부적합하다(『본질과 역사』, 130). 근대 소설의 역사는 루카치에게 이러한 불리한 조건에 대한 영웅적 투쟁의 역사로 여겨진다. 그리고 그 투쟁의 역사는 배경이 되는 부르주아적 현실, 자본주의적 현실의 지속과 아울러 계속되고 있으며, 완결의 형식을 띨 수가 없다. 따라서 루카치에게는 서사시가 "별이 빛나는 창공을 보고, 갈 수가 있고 또 가야만 하는 길의 지도를 읽을 수 있었던 시대", "영혼의 모든 행위가 하나같이 의미 속에서, 또 의미를 위해서 완결되는" 원환적 성격을 띤 시

---

6  G. 루카치, 『소설의 이론』, 반성완 역, 심설당, 1985, 70쪽.(이후 본문에 (『소설의 이론』, 쪽수)로 표기함.)

7  G. 루카치, 『소설의 본질과 역사』, 신승엽 역, 예문, 1988, 129쪽.(이후 본문에 (『본질과 역사』, 쪽수)로 표기함.)

대, 한마디로 "행복했던 시대"(『소설의 이론』, 29-30)의 소산으로 서 "그 자체로 완결된 삶의 총체성을 형상화하는" 것으로 여겨지고, 소설은 "형상화하면서 숨겨진 삶의 총체성을 찾아내어 이를 구성"(『소설의 이론』, 76) 하는 형식, 다시 말해, "규범적 불완전성과 문제성을 지닌, 역사철학적으로 생겨난 하나의 순수한 형식"으로서 "길은 시작되었는데도 여행은 완결된" 것과 같은 형식"(『소설의 이론』, 94)으로 여겨졌던 것이다.

루카치의 소설론은 이처럼 서사시와의 변별적 거리에서 구성되고 있다. 그리고 그 변별적 거리를 가능하게 하는 것은 무엇보다도 현실의 구성 원리에 대한 역사철학적 의식이다. 루카치는 철학이란 "언제나 내부와 외부 사이의 균열을 말해주는 하나의 표지"이며 "자아와 세계가 본질적으로 서로 다르고 영혼과 행위는 서로 일치하지 않음을 말해주는 표지"이므로 "행복한 시대에는 철학이 없다"(『소설의 이론』, 30)고 말한다. 이런 행복한 시대의 붕괴와 더불어 내부와 외부, 자아와 세계의 차이가 인식되면서 이 괴리를 극복하고자 하는 의식이 소설이라는 장르를 탄생시킨다. 따라서 현실의 역사철학적 이해는 소설 세계에 내재하는 소설적 주체(작가, 주인공, 세계)가 현실의 어떤 구체적인 세부와 닮아 있는가라는 문제가 아니라 소설적 주체의 역동적 관계들이 구성되어지는 '내적 동기'로 작동한다는 것을 의미한다.

그러나 바흐친은 소설의 기원과 정신을 서사시와는 전혀 다른 기원에서 발견하고 구성하고자 한다. 그에 따르면 "소설은 단지 여러 장르들 중 한 장르에 불과한 것이 아니다. 오래 전에 완성되었고 부분적으로는 이미 소멸한 장르들 사이에서 소설만이 유일하게 발전하고 있는 장르"(「서사시와 장편소설」, 19)이다. 그는 소설을 다른 장르들과 근본적으로 구별해주는 세 가지 특징을 제시한다. "첫째, 소설에 실현된 다중언어적 의식과 결부되어 있는 문체상의 삼차원성, 둘째, 문학적 형상의 시간적 좌표에 야기하는 근본적 변화, 셋째, 문학적 형상들을 구조화하기 위하여 소설에 의해 개방된 새로운 영역, 즉 모든 미완결상태의 현재(당대 현실)와의 최대한의 접촉 영역" 등이 바로 그것이다. 소설의 발전은 단일 언어의 세계가 붕괴되고 다시 돌아갈 수 없을 정도로 다양화된 언어적 환경 속에서 태어난다.

새로운 문화 창조적 의식은 활발한 언어적 다양성을 지닌 세계 속에 존재한다. 세계는 결정적으로, 그리고 불가역적으로 언어적 다양성을 띠게 된다. 상호 공존하되 서로에게 폐쇄적이고 무관심한 민족 언어들의 시대는 끝이 났다. 언어들은 상호 조명하므로 요컨대 한 언어는 오로지 다른 언어에 비추어서만 그 자신을 볼 수 있게 된다. 한 민족 언어 속에 '언어들'이 순진하고 고집스럽게 공존하는 일도 또한 끝이 났다. 다시 말해서 지역적 방언들, 사회적이고 직업적인 방언들과 전문어들, 문학 언어들, 문학 언어 내의 장르적 언어들, 언어 속의 시대들 등등이 더 이상 평화롭게 공존할 수 없게 되었다.

「서사시와 장편소설」, 28

소설은 이처럼 서로 다른 언어들의 상호공존과 충돌의 환경에서 태어나는 것으로 필연적으로 그 속에 서로 다른 언어의식, 즉 다중언어 의식을 담지하게 된다. 그리하여 그것은 말하는 사람과 듣는 사람, 또 그것을 평가하는 사회적 제3자 등 문체상의 서로 다른 시점에서 발화되고 평가된다. 소설이 풍자와 패러디, 계층적 이질적 언어들, 방언들에 민감하게 반응하고 그 언어들의 상호 조명 속에서 의미를 생산하는 형식을 띠는 것은 바로 이런 이유에서이다.

그리고 나머지 두 가지 특징은 서사시와의 비교 속에서 그 의미가 분명해진다. 서사시는 한 민족의 서사적 과거와 민족적 전통을 다루고, 따라서 서사시에서 다루어지는 세계는 당대 현실로부터 절대적으로 분리된 세계라는 것이 바흐친의 생각이다.

하나의 장르로서의 서사시는 편의상 세 가지 구성적 특징을 지니는 것으로 볼 수 있다. 첫째, 한 민족의 서사적 과거—괴테와 쉴러의 용어로 하면 '절대적 과거'—가 서사시의 주제로 사용된다. 둘째, 개인의 경험과 그것으로부터 자라나온 자유로운 사상이 아니라 민족적 전통이 서사시의 원천으로 사용된다. 셋째, 절대적인 서사시적 거리가 서사시적 세계를 당대 현실로부터, 즉 음유시인(작가, 그리고 그의 청중)이 살고 있는 시대로부터 분리시킨다.

「서사시와 장편소설」, 29

서사시의 세계는 민족의 영웅적 과거를 다룬다. 그것은 민족의 출발과 절정의 발전기를 다루며 그것을 이룬 선조들과 가문의 시조들의 세계, 즉 '제 일인자들'과 '최상의 것들'의 세계이다. 서사시는 결코 현재에 관한 이야기가 아니며 오직 후세 사람들을 위해 최상의 과거를 다루고 있다. 절대적 과거는 서사시 창조자, 즉 작가로서도 직접 다가갈 수 없는 거리에 존재한다. 서사시의 작가와 그 청중은 동일한 시간과 하나의 가치체계 속에 존재하지만 재현된 영웅들의 세계는 절대적 거리(상대적인 거리가 아니라)에 의해 그들과 단절된 시간적 가치적 차원에 존재하는 것이다. 그러한 거리에도 불구하고 그들은 민족적 전통과 민족적 동일성으로 묶여있지만 절대적 과거 속의 모든 것은 결코 바뀌거나 재고하거나 재평가될 수 없다. 하나의 사실, 하나의 개념, 하나의 가치로서 이미 완성되고 완결된 불변의 것으로 사람들은 오직 그것을 존경하고 인정할 수밖에 없다. 서사시의 언어 역시 소설의 다중언어의식과는 달리 오직 하나의 가치적 체계를 형성하고 전달하는 단일 언어이다.

이처럼 서사시가 절대적 과거를 다루고 있다면 소설은 바로 동시대적 삶에 눈을 돌리면서 탄생한다. 인간의 동시대적 삶과 현실의 다양한 양상은 서사시와 같은 고급 장르가 아니라 저급 장르들에서 비규범적으로 나타나기 시작한다. 서양의 경우, 고대 그리스 로마 시대의 퇴조와 더불어 사회가 확대되고 프랑스와 스페인, 포르투갈, 이탈리아 등과 같은 다양한 민족과 국가들이 출현하는 시기에 서사시가 담아내고 있던 신화적 세계는 더 이상 모든 사람들과 민족들에게 유일한 가치의 대상이 될 수가 없었다. 고대 세계의 세계관과 가치관이 무너지면서 그 세계에 대한 풍자와 조소, 그리고 개인들의 넘쳐나는 삶의 이야기들이 새로운 형식을 통해 드러나기 시작하는 것이다. 바로 이런 동시대 인간의 삶과 현실에 대한 표현, 동시대 현실에 대한 극대화된 접촉은 서사시가 아니라 고대 소설 장르들 속에 담겨지기 시작한다. 고대 소설이 서사시와 근본적으로 다른 점은 민족의 과거가 아니라 '지금 현재의 나'와 내 이웃, 민족적 전통이 아니라 개인의 사적인 이야기, 내가 살고 있는 곳에서 벌어지는 이야기, 즉 바로 동시대 이야기를 다룬다는 것이다.

그렇다면 고대 소설이 최대한 가까이 접촉하고 그려내고자 하는 동시대성, 즉 눈앞의 현실은 어떤 모습인가.

모든 것이 하나의 완결된 세계관으로 투명하게 설명되는 사회, 서사시의 세계에서 '나', 혹은 영웅적 주인공은 그가 태어난 의미와 살아갈 의미, 고난과 시련의 의미, 그리고 도달해야 할 어떤 최종 목표가 이미 모두 하나의 가치로 수미일관하게 연결되어 있다. 설사 어떤 모순과 갈등에 처한다 할지라도 그 것은 단지 그가 곧 성취할 영광의 미래를 위한 무대장치일 뿐이다. 그의 시련은 하늘의 먹구름으로 예언되고 그가 얻을 구원은 아침 노을이 암시해준다. 그러나 소설의 주인공은 완결을 모르는 불완전한 현재를 배경으로 살아간다.

> 동시대성은 서사시적 과거와 비교하면 '저급한' 서열의 현실이었다. 그것은 결코 예술적 해석이나 가치평가의 출발점으로 작용할 수 없었다. 그러한 가치평가 개념의 중심은 오직 절대적 과거 속에서만 발견될 수 있었다. 현재는 일시적이며 유동적이고, 시작도 끝도 없는 영원한 연속이다. 그리고 그것은 진정한 완결성을 부정하며, 그래서 또한 본질을 결여하고 있다.
>
> 「서사시와 장편소설」, 37

절대적 가치관에 입각하여 과거와 현재와 미래의 의미가 총체적으로 연결된 서사시의 현실과 달리 고대 소설이 접촉하는 현실은 '일시적이고 유동적'인 현실이다. 그것은 결코 시작도 끝도 없이 지속되는 것이다. 그 현실은 어제의 어떤 결과로서 필연적으로 만들어진 것도 아니며, 마찬가지로 미래의 어떤 의미를 위해 의도적으로 주어지는 것도 아니다. 고대 소설에서 바흐친이 주목한 것은 바로 '저급한 현재'의 개인이며, 이 개인들이 보여주는 자아와 삶에 대한 의식이다. 고대 소설이 탄생한 것은 고급 장르로서의 서사시가 담아내지 못한 개인들의 현재적 삶과 현재적 현실에 최대한 접촉하고자 하는 열망이며 그 열망이야말로 소설을 고대 소설로부터 중세, 근대의 소설로 발전시켜나가는 원동력인 것이다.

총체로서의 현재는(물론 현재는 결코 총체가 아니지만) 본질적으로 그리고 원칙적으로 미완결 상태다. 바로 자신의 본질상 현재는 연속을 요구하고 미래로 나아가며, 더 적극적으로 그리고 의식적으로 미래로 나아가면 나아갈수록 그것의 미완결성은 더욱 확실하고 필수 불가결한 것이 된다. 따라서 세계는 개개의 부분들로서 뿐만 아니라 하나의 전체로서도 완결성을 상실한다. 세계의 시간적인 모형은 근본적으로 변화하며, 태초의 말도 없고 (즉 이데아적인 말이 없고) 마지막 말도 아직 발설되지 않은 세계가 되는 것이다. 예술 이념의 의식에 있어서 최초로 시간과 세계가 역사적인 것으로 된다.

「서사시와 장편소설」, 49

고대 소설이 최대한 가까이 다가가고자 했던 동시대 현실의 현재, 그 모습은 '본질적으로 원칙적으로' 미완결이다. 현실이 완결되지 않았다는 것은 작품의 요소들, 즉 작가와 주인공, 작품속의 세계에 대한 작가의 태도 등에 커다란 변화를 요구한다. 서사시에서 작가의 이념과 주인공, 세계에 대한 주인공과 작가의 태도 등은 서로 형식과 경계를 달리 하지만 본질적으로 서로 차이를 모르는 하나의 유기적이고 위계적인 체계 속에 존재한다. 그러나 고대 소설 속의 이러한 관계들은 그 차이와 모순을 드러낼 뿐 결코 최종적으로 하나의 이념 체계로 수렴되지 않는다. 혹은 최소한 그렇게 수렴되는 것을 지향하지 않는다. 소설 속 모든 요소의 본질을 규정하는 하나의 이데아, '태초의 말'은 작가의 말로서도, 절대 진리의 형식으로서도 주어지지 않는다. 또한 그들 모두가 나아가야할 최종적 목표로서의 절대 이상이나 이데올로기로서의 '마지막 말'도 발설되지 않는 세계, 그리하여 작가와 주인공과 작품 세계 모두 일정한 역사적 거리 속에서 구성되어지는 세계, 그것이 고대 소설의 본질적 특성(서사시와의 상대적 비교 속에서)인 것이다.

바흐친에 따르면 서사시를 비롯한 고급 장르에서는 죽은 과거, 접촉의 거리를 벗어난 절대적 거리 속에 있는 죽은 자들이 다루어지고, '저급한 현재', '시작도 끝도 없는 삶'은 단지 저급장르들에서만 재현의 대상이 된다. 따라서 민속적인 저급 장르들이 소설의 탄생과 관련해서 바흐친의 주요한 관심사다. 저급 장르들에서 동시대의 현실을 주제로 하고 동시대 현실의 기존 위계질서적(거리를 두는 가치론적) 거리를 파괴하고 그 현실을 들여다보고 뜯어보고 의심하고 분해하고 폭로하고 조사하고 실험하면서 끊임없이 그 현실 세계에 '리얼리스틱하게 접근'하고자 하는 노력들이 바로 근대 소설을 탄생시키는 뿌리가 되기 때문이다.

바흐친에 따르면 소설은 그 탄생의 기원에서부터 매우 민중적이다. 민족의 시원에 관련된 절대적 과거를 그리는 고급예술로서의 서사시와는 출발 동기부터 다른 것이다. 동시대 현실에 극대화된 접촉을 이루려는 소설의 동기는 서사시적 세계관을 붕괴시키는 결정적 역할을 한다. 이제 누구에게 강요되는 절대적 진실과 절대적 가치가 아니라 서로 상대적인 존재의 상대적인 가치가 소설의 대상이 된다. 절대적 거리는 이제 상대적이고 주관적인 거리로 바뀌는 것이다.

> 동시대적 삶 자체, '나 자신'과 나의 동시대인들, '나의 시대' 등, 이 모든 개념들은 원래 유쾌하면서도 동시에 파괴적인, 양가적(兩價的) 웃음의 대상이었다. 언어를 향한 그리고 말을 향한 근본적으로 새로운 태도가 발생한 곳이 바로 여기다. 생생한 현실을 비웃는 직접적인 묘사와 함께, 모든 고급 장르들, 민족적 신화 속에 구현된 모든 고상한 모범들에 대한 패러디와 희화화가 번창한다. 신들과 반신(半神)들과 영웅들의 '절대적 과거'가 여기 패러디에서는(그리고 희화화에서는 더욱 심하게) '동시대화'한다. 즉 그것은 동시대적 삶과 동일한 차원에서 그리고 일상적인 환경 속에서, 동시대의 저급한 언어를 통해 묘사됨으로써 전락하게 되는 것이다.

「서사시와 장편소설」, 39

고대의 단일한 세계가 붕괴되고 분화되면서 다양한 이해집단이 출현하고, 특히 단일한 세계에서 단일한 성격의 피지배 계층으로만 존재했던 민중들이 다양한 모습으로 등장하게 된 것이 바로 소설이 발생하는 배경이고 그에 대한 언어적 대응이 소설의 발생 동기라는 바흐친의 설명은 이후 소설 발전의 이념적 토대에 대해 의미심장한 예감을 보여준다. 동시대의 삶을 대상으로 하면서 그에 대한 일원적이거나 권위적인 해석을 전복하는 것, 즉 '양가적' 웃음의 대상으로 삼는다는 것은 소설의 발생 동기가 지배계층의 정신과 문화의 전복과 관련되어 있음을 의미한다. 이들에게 중요한 것은 지배계급이 구축한 신화와 가치 절대성이 아니라 상대적이면서 상호적인 일상의 삶이다.

이처럼 바흐친의 소설론에서 소설은 단일 가치나 권위의 지향과는 애초에 거리가 멀다. 민중 현실에서는 모두가 상대적이며 보다 가치 있는 위계를 알지 못한다. 그런 점에서 바흐친은 고대 그리스 로맨스 소설과 더불어 '진지한 희극' 장르[8]를 소설 정신의 가장 중요한 자양분으로 포착한다. 진지한 주제

---

[8] '진지한 희극 장르'는 고대인들이 스푸도겔로이온(spoudogeloion)이라고 부른 장르를 말한다. 고급 장르인 서사시를 제외하고 무언극이나 우화, 혹은 토론문이나 회고록 등으로도 나타났다. 소크라테스식 대화도 여기에 해당될 수 있고 풍자시와 향연(Symposia) 문학, 메니푸스적 풍자(Menippean satire : 여러 대표적인 인물들이 대화와 토론을 통해 서로의 입장을 풍자하는 풍자시 유형) 등이 대표적이다. 이에 대해서는 제3부에서 폴리포니야 소설 장르를 다루면서 다시 상세하게 설명한다.

를 희극적으로 다루면서 이러한 장르들은 서사시적 거리를 파괴하고 모든 위계질서적 거리를 파괴한다. 여기서 바흐친이 웃음에 주목하는 것은 웃음이 가진 특별한 기능 때문이다.

> 웃음은 하나의 사물을 가깝게 끌어당기며 우리가 그 모든 측면을 친숙하게 만져볼 수 있고, 돌리고 뒤집어볼 수 있고, 아래 위에서 뜯어볼 수 있고, 겉껍데기를 깨고 그 안을 들여다볼 수 있고, 의심할 수 있고, 분해하고 분리시킬 수 있고, 발가벗겨 폭로할 수 있고, 자유롭게 조사하고 실험해볼 수 있는, 하나의 거친 접촉영역으로 그것을 이끄는 탁월한 힘을 지닌다. 웃음은 대상 및 세계를 친숙하게 접촉하는 것을 통해 그것을 완전히 자유롭게 검토할 수 있게 하는 공간을 마련해줌으로써 그것에 대한 공포심이나 충성심을 파괴한다.
>
> 「서사시와 장편소설」, 41

진지하게 인상을 찌푸리고 '진실'과 '가치'에 대해 논하는 것이 아니라 동등한 지위 속에서 서로가 자유롭고 상대적인 관계를 형성할 때 웃음은 발생할 수 있다. 살아있는 생생한 동시대의 이야기, 하나의 가치로 위계화되지 않은, 끊임없이 유동하는 미완결의 현실 이야기는 바로 웃음을 주요한 매개로 작품화된다. 바흐친이 '진지한 희극' 장르에 주목하는 것은 동시대 현실에 최대한 접촉하는 웃음의 기능 때문인 것이다. 그리고 그러한 정신이 소설 발전의 근본 동력과 맞닿아 있음은 물론이다.

다른 한편 동시대성에의 접촉은 서로 다른 가치관을 가진 인물들의 대등하면서 상대적인 존재를 인정함으로써 가능하다. 소설 속에서 서사시의 영웅적 주인공이 아니라 다양한 민중적 인물들이 양가적 가치관계 속에 등장하는 것은 바로 그런 이유에서이다. 이러한 주인공들이 현실에서 나누는 다양한 대화는 '진지한 희극' 장르들의 본질적 특성이다. 따라서 이 장르들이 동시대 현실을 담아내기 위해 복합적인 문체와 방언, 구어적 대화를 적극적으로 도입하는 것은 당연하다. 그것은 "다양한 말과 목소리를 지닌 동시대의 현실로부터, 세계와 시간에 대한 개인적인 경험과 탐구에 의존하는 새로운 태도"(「서사시와 장편소설」, 44)를 보여주는 것이기 때문이다. 다시 말해 이 장르들의 탄생은 세계와 인간을 바라보는 시각의 '혁명적인 변화'인 셈이다.

이처럼 동시대성에의 접촉을 지향하는 것은 소설 발생과 발전의 가장 기본적인 동력이다. 그것은 서사시적 세계관을 전복하고 인간과 세계에 대한 새로운 관점을 제기하고 변화하는 현실, 유동하는 현실을 최대한 반영하고자 하는 소설의 기본 정신이 된다.

# 역사적 시공간으로서의 크로노토프

동시대성을 파악하여 작품에 담아낸다는 것은 인간이 자기 앞에 제시된 현실과 그 현실 속에서 인간을 보다 정교하게 인식하고 재현하려는 노력이라고 말할 수 있다. 물론 실제 세계와 작품에 구현된 세계는 결코 동일하지 않다. 작품에 구현된 세계는 특수한 구조로 이야기된 세계이다. 그런데 작품에 구현된 세계가 어떻게 동시대 현실과 유사하거나 동질적이라고 말할 수 있는가. 게다가 현실은 끊임없이 '유동적인 미완결 상태'라고 말하지 않았는가. 그 흘러가고 멈춤이 없는 눈앞의 현실을 온전하게 길어 올릴 수 있는 마법의 물동이와 같은 텍스트는 과연 존재하는가.

소설이 동시대 현실을 담아내는 아주 특수하고도 효과적인 방법, 그것을 바흐친은 크로노토프라는 개념으로 설명한다.

문학예술 속의 크로노토프에서는 공간적 지표와 시간적 지표가 용의주도하게 짜인 구체적 전체로서 융합된다. 말하자면 시간은 부피가 생기고 살이 붙어 예술적으로 가시화되고, 공간 또한 시간과 플롯과 역사의 움직임들로 채워지고 그러한 움직임들에 대해 반응하게 된다. 이러한 두 지표들 간의 융합과 축의 교차가 예술적 크로노토프를 특징짓는 것이다.

「소설 속의 시간과 크로노토프의 형식—역사적 시학을 위한 소고」, 261[9]

좀 어려워 보이지만 말 그대로 이해해보자. 문학 작품에서 어떤 인물이나 사건이 형상화 될 때 시간과 공간의 결합은 필수적이다. 시간과 공간의 결합은 인물과 사건이 드러나는 기본적인 좌표이다. 어떤 인물이 어떤 곳에서 누군가를 만나 어떤 사건이 벌어지고 그 사건은 이후 어떤 양상으로 전개된다. 바로 이런 이야기를 전개하고자 할 때 시간의 개념과 공간의 개념이 이야기의 근본 요소로 개입된다. 실제 세계에서 시간은 눈에 보이지 않지만 작품 속에서는 '지금', '어제', '해질 무렵', '몇 시간 동안' 등등으로 우리의 눈앞에 가시화된다. 물론 '집 앞에서', '광장의 벤치에서', '마을 밖 물레방앗간에서', '바다 건너 어느 도시에서' 등등과 같이 공간도 인물과 사건 전개의 기본 골격으로 작동한다. '해질 무렵 그들은 마을 어귀 사람들 발길이 드문 물레방앗간 어둑한 구석에서 눈빛을 마주했다'는 식으로 시간과 공간은 하나로 결합되어 이야기의 진행과 구조를 규정하는 주요한 역할을 수행하는 것이다. 이렇게 작은 사건에서의 시공간의 결합으로부터 동시대 현실의 역사적 사건과 구체화된 공간으로 확장되면서 이야기는 동시대 현실의 구조에 '접촉'해나간다.

바흐친은 문학작품 속에 이렇게 예술적으로 표현된 시간과 공간 사이의 내적 연관을 크로노토프(хронотоп, chronotope)라고

---

[9] 이하 이 장에서 이 논문 인용은 (쪽수)로만 표기한다.

개념 규정한다. 크로노토프는 원래 수학에서 사용되는 용어로서 아인슈타인의 상대성 원리의 일부로 도입되어 변용된 개념이다. 바흐친은 이 개념을 "공간과 시간(공간의 제4차원으로서의 시간) 사이의 불가분의 관계"를 표현하는 "문학의 형식적 구성범주로"(260) 활용하고 있다. 바흐친은 이 개념이 장르를 규정하고 장르와 장르의 차이를 발생시키는 요인으로서 문학 작품 내의 인간 형상을 크게 좌우한다고 말한다.

그런데 바흐친의 크로노토프 개념은 상당히 복잡하면서도 다의적인 의미로 사용된다. 이를테면 작품 내에서 작은 규모의 크로노토프가 존재하는가 하면 작품 전체에 관련된 보다 총체적인 규모의 크로노토프가 존재한다. 작은 규모는 하나의 모티프나 하나의 장면으로 나타난다. 이러한 소규모의 크로노토프는 수많은 다른 크로노토프와 접촉하고 연관되면서 작품 전체의 총체적 크로노토프를 형성하는 것이다. 그런가하면 작품은 작품 바깥에 존재하는 크로노토프, 즉 작가—창조자가 인지하는 크로노토프, 혹은 독자나 청자가 작품을 수용하는 순간에 존재하는 크로노토프도 존재한다. 작품 바깥의 크로노토프는 소설 세계의 크로노토프와는 이질적인 세계에 속하는 것이지만 작품의 창작과 수용에 영향을 미친다는 점에서, 그리고 작품 내의 다양한 크로노토프 창조에 영향을 미친다는 점에서 소설의 크로노토프 분석에 중요한 개념이다.

바흐친은 크로노토프 유형과 그 변화과정을 통해 유럽 소설의 발전사를 가늠한다. 그리스 로맨스로부터 시작하여 중세의 기사도 로맨스, 악한 소설을 거쳐 르네상스 시대의 라블레의 소설에 이르기까지 바흐친은 크로노토프의 형상화 유형을 통해 작품 속에 표현되는 세계관의 변화를 추적하면서 소설 발전의 기본적인 내적 구조를 분석한다. 예를 들어 고대 소설에서 인물과 사건의 크로노토프는 아주 초보적으로 형상화되고 근대 소설에서는 매우 정교하게 형상화된다. 그것은 고대 소설이 동시대 현실의 접촉을 지향하지만 여전히 매우 초보적인 수준에서 그것을 실현하고 있는 반면 근대 소설, 특히 폴리포니야 소설은 가장 극적으로 현실접촉을 달성한다는 말의 다른 표현인 셈이다.

고대 소설은 현실접촉이라는 측면에서 보면 서사시와는 정반대의 지향점을 향해 달려가기 시작한다. 소설이 "서사시적 거리를 파괴하고 멀리 떨어져 있는 차원에서 현재의(그리고 결국 미래의) 미완결적 사건들과의 접촉영역으로 개인의 형상을 전이시키는 것은 소설 속의(그리고 전체 문학 속의) 개인의 형상을 근본적으로 재구조화하는 것이다"(「서사시와 장편소설」, 56). 그러나 고대소설은 여전히 시간에 대한 이해가 추상적이고 모호하며, 시간이 사건과 사람에게 미치는 효과 역시 매우 미미하다. 한 예로 고대 소설에서 애인을 잃고 십여 년을 헤매다가 마침내 갖은 난관과 시련 끝에 연인을 구하는 동안 시간은 주인공의 심리상태나 육체 상태에 별다른 흔적을 남기지 못한다. 또한 공간 역시 서사시와 비교하여 구체적인 동시대 공간을 포함하고 있지만 그것은 여전히 추상적인 공간으로 주인공의 현실 상태에 작용하는 역할이 크지 않다.

바흐친은 그리스 로맨스를 세 가지 유형으로 구분한다. '시련의 모험소설'과 '일상생활의 모험소설', '전기적 소설' 등이 그것이다. 그리스 로맨스는 '절대적 과거'를 '단일한 가치관'과 '단일한 언어'로 다루는 서사시와 분명하게 구분된다. 무엇보다도 주인공 연인들이 태어나고 만나는 시간이 동시대이고 그 만남이 이루어지는 공간도 그들이 실제로 살아가는 현재의 공간이다. 그러나 그리스 로맨스가 획득하는 동시대성의 크로노토프는 여기까지일 뿐이다. 그리스 로맨스의 크로노토프는 아주 초보적이다.

그리스 로맨스의 모든 사건과 모험들은 역사적이지도 일상적이지도 전기적이지도 심지어 생물학적이지도 않은 시간 진행을 구성한다. 사건들은 역사적·일상적·전기적 시간의 흐름 밖에서, 즉 이러한 시간의 진행 안에 내재하면서 인간의 규칙을 발생시키고 인간의 척도를 규정하는 힘이 미치는 범위, 그것을 넘어서서 존재한다. 이러한 종류의 시간 속에서는 아무 것도 변화하지 않는다. 세계도 변화하지 않고 주인공의 전기적 삶도 그들의 감정도 변화하지 않으며, 심지어는 나이를 먹는 일도 일어나지 않는다. 이 비어 있는 시간은 어느 곳에도 흔적을 남기지 않으

며 그것이 경과한다는 것을 보여주는 어떤 지표도 남기지 않는다.(269)

　　그리스 로맨스 세계에서의 공간과 시간의 연결 관계는 유기적인 것이 아니라 순전히 기술적(그리고 기계적)인 성격의 것이다. 모험이 전개되기 위해서는 공간이, 그것도 매우 넓은 공간이 필요하다. 사건들을 지배하는 우연성은 일차적으로는 거리라는 기준에 의해, 다른 한편으로는 근접성이라는 기준에 의해(그리고 양자의 다양한 정도라는 기준에 의해) 측정되는 공간과 불가분의 관계에 있다. 클리토폰의 자살을 막기 위해 그의 친구들은 그가 자살하려고 하는 바로 그 장소에 나타나야만 한다. 이것을 실현하기 위해, 즉 적절한 시간에 적절한 장소에 있기 위해 그들은 달린다. 다시 말해 그들은 공간적 거리를 극복한다. 소설 끝부분에서 클리토폰의 생명이 구해지기 위해서는 아르테미스 여신의 제사장이 이끄는 행렬이 사형이 집행되기 전에 사형 집행 장소에 도착해야만 한다. 납치는 납치된 사람을 재빨리 멀리 알려지지 않은 장소로 옮겨놓는 것을 의미하며, 추적은 다른 공간적 방해물과 거리를 극복하는 것을 의미한다. 감금과 투옥은 뒤이어 계속될 주인공의 목적지를 향한 공간적인 운동을 방해하면서, 즉 그의 계속적인 추적과 수색 등을 방해하면서 공간상의 일정한 장소에 주인공을 고립시키고 감시하는 것을 의미한다. 납치, 탈출, 추적, 수색은 모두 그리스 로맨스에서 커다란 역할을 수

행한다. (……) 이러한 로맨스들의 세계는 거대하고 다양하다. 그러나 그 크기와 다양성은 철저히 추상적이다. 배가 난파되려면 반드시 바다가 필요하지만 그것이 어느 특정한 바다(지리적·역사적 의미에서)인지는 전혀 상관이 없다. 탈출하기 위해서는 다른 나라로 가는 것이 중요하고 납치범들에게는 그들의 희생자를 다른 나라로 보내는 것이 중요하다. 그러나 어떤 특정한 나라인지는 역시 아무런 상관이 없다. 그리스 로맨스의 모험적 사건들은 자신의 사회·정치적 구조와 문화·역사 등을 지니고 소설 속에 나타나는 개별 국가들의 특정한 세부사항 중 어느 것도 어떠한 방식으로건 규정적 요인으로 사건에 작용하지는 않는 것이다. 사건은 우연에 의해서만 결정된다. 주어진 장소의 특성은 사건의 구성요소가 되지 못하며 그 장소는 단지 순수하고 추상적인 공간으로서만 등장한다.(278-279)

한마디로 말해서 그리스 로맨스는 동시대성, 즉 현실의 포착으로 나아간 첫걸음이지만 현실 인식과 그 형상화로서 시간과 공간의 좌표(크로노토프)는 매우 엉성하다. 인물과 사건은 당대 사람들이 살아가는 시간과 공간에서 시작되지만 주인공들의 모험과 사건은 동시대 역사적 시간과는 전혀 무관하고 공간 역시 그들이 살아가고 있던 공간과 전혀 무관한 곳에서 이루어지고 있는 것이다. 물론 이러한 그리스 로맨스의 크로노토프는 시련의 모험소설과 일상생활의 모험소설, 전기적 소설 등을 거치면서 조금씩의 변화와 다양성을 보여준다. 그리고 그 방향은 바로 동시대성 획득의 구체화이다. 그러나 전체적으로 고대 소설은 "모든 일이 우연히 동시에 발생하고 또 우연히 동시에 발생하지 못하기도 하며 사건들의 인과관계도 없고 항상 주도권이 전적으로 우연에게만 주어진다."(285)는 점을 넘어서지 못한다.

초보적이고 엉성한 크로노토프이지만 그리스 로맨스가 획득한 크로노토프는 향후 소설 발전과정에서 다양한 반복과 변형을 통해 변주된다. 이를테면 그리스 로맨스의 모험적 시간의 크로노토프는 18세기 중엽에 이르기까지 모험소설의 발전방향을 결정하는 데 중요한 역할을 담당한다. 길에서 만나고 헤어지는 길의 모티프, 만남의 모티프 등은 이후 여러 소설 유형들에서 반복적으로 활용되는 전통적인 크로노토프로 계승되고 있는 것이다. 그리스 로맨스의 추상적인 크로노토프에서 시작된 소설의 크로노토프는 중세의 기사도적 로맨스와 악한 소설 등을 거쳐 세익스피어나 세르반테스, 프랑수와 라블레가 활약한 르네상스 시대에 이르러 가장 찬란하게 구현된다.

그렇다면 바흐친이 이와 같은 크로노토프 개념을 사용하여 강조하고자 하는 소설의 영혼은 무엇인가. 크로노토프의 개념을 가장 깊이 있게 탐구하고 있는 '역사시학을 위한 소고'라는 부제가 달린 「소설 속의 시간과 크로노토프의 형식」이라는 논문에서 바흐친이 고대소설과 중세, 르네상스 시대 소설의 크로노토프를 비교 분석하면서 부단히 강조하는 것은 소설이 추구하는 동시대 현실의 포착이다. 그러나 그 현실은 어느 한 시각에서 총체적으로, 시간과 공간 전체를 인식할 수 없다. 시간과 공간의 결합, 즉 크로노토프에 대한 인식과 표현은 그것을 인식하고 표현하는 주체의 처지와 시각에 따라 다를 수밖에 없다. 다시 말해 그것은 시간과 공간의 결합으로 읽어내는 현실의 다양함과 같은 말이다.

바흐친은 현실을 고정불변의 인식대상으로 보지 않는다. 반대로 고정불변의 인식대상으로 제시하고자 하는 세계관을 부정하는 것이 바흐친이 말하는 동시대성의 핵심요소이다. 유동적이고 미완결인 현재, 그 현재에 가능한 가까이 다가가고자 하는 노력은 작품 속에서 '유동적이고 미완결인 동시대성'을 구현하는 것일 수밖에 없다는 것이다. 세계와 인간이 하나의 가치체계로 위계화 될 수 없는 사회에서 세계와 인간을 하나의 가치체계로 담아내려는 텍스트는 불가피하게 현실을 하나의 특정한 시각에서, 주관적 가치체계에서 왜곡하여 재현한다는 것을 의미한다. 바흐친이 보기에 세계는 다면적이고 다원적이다. 그리고 인간 역시 서로 다른 입장을 지닌 상대적 존재이다. 바로 이러한 세계와 이러한 인간에게로 끝없이 다가가고 재현하고자 하는 것, 바로 그것이 소설 발전의 근본 동기이고 그에 대한 객관적 논증이 소설 속의 크로노토프의 존재를 분석하는 것이다. 요컨대 우리는 크로노토프를 통해 예술 속에서 현실을 느끼고 보고 만질 수 있게 된다. "크로노토프는 이야기를 구성하는 사건들을 구체화하여 그것들에 살을 붙이고 그 혈관에 피가 흐르도록 한다. 사건은 그저 정보로서 전달될 수도 있고, 우리는 그 사건이 발생한 장소와 시간에 대한 단순히 정확한 자료를 제공할 수도 있다. 그러나 그렇게 해서는 사건은 형상이 되지 못한다. 사건을 묘사하고 재현하기 위한 본질적인 토대를 제공하는 것은 바로 크로노토프이다."(458) 결국 다시 말하자면 우리가 현실을 바라보고 인식하고 표현할 때 시간 예술(즉 공간적 현상을 그 움직임의 과정 속에서 재현해내는 예술)의 형상으로 재현해내는 것이 바로 크로노토프이다. 이 크로노토프로 인하여 우리는 현실의 시간(역사적 시간까지)의 실제 모습을 포착하고 그 본질적 측면들을 예술작품 속에서 파악할 수 있게 되는 것이다.

앞서 말한 동시대성이라는 말은 바로 이러한 시공간의 결합 유형으로 파악되는 현실에 다름 아니다. 소설 속에 그려지는 인물과 사건은 현실에 대한 인식과 현실을 바라보는 세계관의 표현인 바, 그 세계관을 핵심적으로 드러내는 것이 바로 인물과 사건의 역사적 시간과 공간의 결합 유형, 즉 크로노토프인 셈이다. 그러나 인간은 언제 어느 때나 한눈에 자신의 현실을 있는 그대로 인식하고 표현할 수 있는 것은 아니다. 눈앞에 보이고 들리는 것이 현실 자체는 아닌 것이다. 현실에 접촉한다는 말, 동시대성을 최대한 확보한다는 말은 다시 생각해보면 쉽지 않은 말이다. 그것은 누구나 한 번에 획득할 수 있는 어떤 진리가 아니다. 동시대 현실은 누군가에 의해 인식되고 재구성되어 우리에게 가시화된다. 따라서 인식하고 재구성하는 주체가 '누구인가'가 중요한 문제로 대두된다. 역사적 시공간으로서의 크로노토프는 따라서 절대적으로 주어지는 어떤 진리가 아니라 '누군가'의 시선과 입장을 통해 그려지는 현실, 즉 '해석되고 구성된 동시대성'이 아닐 수 없다.

'해석되고 구성된 동시대성'이라는 말은 분명 상세한 설명을 다시금 요구한다. 이에 대한 설명은 크로노토프가 현실을 읽는 일정한 예술적 코드라는 말인가라는 질문과도 연결된다. 다시 말해 바흐친이 애써 설명하고자 하는 크로노토프라는 것이 결국 현실이라는 것이 존재하고 그것을 일정하게 예술적인 기호로 표현하고 읽어내는 기법을 말하는 것인가, 소설 속에 존재하는 그런 기호들의 계승관계나 형식적 유사성 등을 밝히는 작업이란 말인가. 분명 바흐친의 논법에는 그렇게 오해될 여지가 없지 않다. 소설이 동시대 현실을 읽고 인식하여 표현하고자 하는 동기에서 출발하는 장르라는 점, 그리고 소설과 현실 사이에 크로노토프라는, 현실의 예술적 언어적 재현의 시공간이 존재하며 그것은 소설사에서 유구하게 계승되고 이어지고 있다는 점 등을 강조하는 바흐친의 설명방식은 결국 소설 형식의 내적 유관성에 대한 분석을 강조하고 있다고 생각할 수 있기 때문이다. 바로 이런 의문에 대해 '해석되고 구성된 동시대성'이라는 개념이 바흐친의 대답이 될 수 있을 것이다.

바흐친은 동시대성에의 접촉이라는 말을 통해 마치 현실이라는 존재가 동시대성으로 실체적으로 우선 존재하고 우리가 인식적으로 그것에 무한히 접근해가는 것, 그 유효한 수단이 다중언어적 소설 형식이고 그 형식의 내부는 크로노토프의 축적으로 구성되어 있다고 말하는 것 같다. 만일 그렇게 읽는다면 바흐친은 순진하고도 철저한 현실 모방론자(미메시스)이거나 기계적 리얼리스트라고 말해도 무방할 것이다. 자, 보자. 바흐친은 설명 방식으로는 늘 이렇게 전제하면서도 뒤이어 그러한 현실의 재현이 수많은 언어적 대화관계에 의해, 크로노토프들에 의해 다시 구성되고 해석되는 것이라는 결론으로 나아간다. 어쩌면 이 결론은 앞서의 전제, 즉 현실의 우선성을 부정하는 것만 같다. 그렇다고 무한히 재구성하고 해석하면서 존재하는 현실에 극대화된 접근을 이루어야 한다고 바흐친이 말하는 것은 아니다. 바흐친은 분명 실체론자나 본질론자, 진리 환원론자가 아니다. 그렇다고 상대주의자나 진리 허무주의자도 아니다. 바로 그 사이 쯤에서 바흐친은 아주 미세하게 자신의 주장을 숨겨두고 있다.

바흐친은 바로 이런 점을 인식하면서 크로노토프 분석의 결론 부분에서 예술작품의 크로노토프를 작품 외부로 확대시켜 보다 커다란 대화적 문맥에 위치시킨다. 작품 속에서 "수많은 크로노토프들은 서로를 포용하며 공존하고 상호 뒤섞이기도 하며 서로를 대체하거나 대립되고 모순되기도 하는 등 항상 복합적인 상호 관련 속에 놓여 있다."(461) 그런데 이 복합적인 관계 자체는 작품 내부의 요소들만으로는 설명되지 않고 보다 커다란 대화 속에서만 그 모습을 드러낸다. 그것은 '재현된 세계의 외부에 존재하며, 작가와 등장인물의 세계, 그리고 청중과 독자의 세계의 일부를' 이루는 것이다. 바로 이런 커다란 대화 역시 예술 작품의 크로노토프이다. 즉 어떤 작품(크로노토프들의 세계)이 발화되고 수용되는 시공간 역시 구체적인 역사적 크로노토프로서 예술작품의 가장 커다란 대화적 관계를 구성하는 것이다. 실재하는 현실과 재현된 크로노토프, 작품을 창조하는 작가와 독자 사이에는 명확한 경계선이 존재하는 것이 사실이지만 이들은 서로 불가분의 관계 속에서 끊임없이 상호작용을 한다. 그들 사이의 교류를 바흐친은 일종의 유기체와 환경 사이의 물질대사와도 같다고 비유한다. 유기체는 살아있는 한 환경과 융합되기를 거부하지만 그렇다고 그 환경에서 떨어져 나오면 그것은 죽고 만다.

작품 및 그 작품 안에 재현된 세계 역시 실제 세계의 일부가 되어 그 세계를 풍요롭게 만들며, 한편 실제 세계는 작품이 창조되는 과정의 일부로서, 그리고 그 결과 작품이 지니게 된 생명의 일부로서 청중과 독자의 창조적

인식을 통해 작품을 끊임없이 쇄신하면서 작품과 그 작품 속의 세계로 침투한다. 두말할 나위 없이 이러한 교환과정은 크로노토프적이다. 그 과정은 무엇보다도 먼저 역사적으로 발전하는 사회적 세계 속에서 발생하며 변화하는 역사적 공간과의 접촉을 항상 유지한다.(463)

작품에 재현된 크로노토프가 작품 외부의 현실과 접촉하는 지점으로서 작가와 독자와 시대가 결합된 크로노토프라는 개념을 도입함으로써 바흐친의 크로노토프론은 역사적 사회적 문학예술론으로, 커다란 대화적 관계로 확장된다. 이를테면 작가는 자연인으로서의 삶을 살아가면서 작품을 창조할 때는 작품 속에서 활동하는 특정한 형상을 구축한다. 즉 한편으로는 작품 바깥에 있고 한편으로는 작품 내부에 존재한다. 작품 내부에 존재하는 형식은 매우 다양하다. 재현된 사건에 참여하는 주인공의 관점이나 서술자의 관점, 가상 작가의 관점, 혹은 어떤 매개도 사용하지 않고 순수한 작가로서 직접적으로 자신을 드러내기도 한다. 그러나 순수한 작가로서 직접 등장하는 경우조차 그것은 실제 자연인 작가가 아니라 작품 속의 크로노토프에 접해 있는 작가이다. 창조자로서 작가는 이렇게 두 측면을 지니고 작품을 창작한다. 그리고 독자는 작품 속에 재현된 사건과 그 사건에 접해있는 작품 내의 작가를 인식하면서 독자적으로 작가에 대해 생각하고 그 형상을 스스로 구축해나갈 수도 있다. 그리하여 작품은 작품 내에 폐쇄된 체계일 뿐만 아니라 작품 바깥의 작가와 시대, 독자까지 포함하는 시공간, 즉 크로노토프로서 생명력을 가지는 것이다.

이것은 바흐친이 소설 형식에 관한 깊이 있는 연구로부터 역사적 관점으로까지 확대된 인식을 보여주는 대목이며 바흐친을 형식주의자와 확연히 구분시켜주는 대목이 아닐 수 없다.

사정이 이러하니 고대 소설로부터 중세와 근대에 이르기까지 다양한 소설이 보여주는 크로노토프가 인간의 현실인식과 그 표현의 발전양상과 조응하는 것은 당연한 일이다. 바흐친은 이렇게 역사적으로 변화 계승되는 다양한 문학적 크로노토프들을 탐구함으로써 근대 소설이 하나의 장르로서 성장하는 과정을 분석해내고 있다. 물론 바흐친은 크로노토프들의 체계가 생산하는 의미, 즉 작품의 이념적 철학적 내용, 추상적 개념적 내용에 대해서는 논의를 생략한다. 그러나 크로노토프의 구성적 해석적 동시대성의 창조라는 말 속에, 폴리포니아 소설 장르라는 개념 속에 이미 그 이념적 방향성이 깊고 풍부하게 담겨 있음은 물론이다.


## 카니발과 근대적 세계 인식

소설의 발생에 대해 앞에서 설명한 바와 같이 바흐친은 소설의 발생이 민중들의 웃음의 문화, 현실에 대한 해학적 세계관과 깊은 연관을 지니고 있다고 본다. 그는 민중의 웃음의 문화가 지닌 전복적 힘과 새로운 창조성에 주목하며 『프랑수아 라블레의 작품과 중세 및 르네상스의 민중문화』(이후 『라블레』)라는 역작을 집필한다. 우여곡절을 겪으며 박사학위를 받은 저서이다.

프랑수아 라블레(1494~1553)는 프랑스 출신 의사이자 르네상스 시대 인문주의자로서 당시 세태와 사람들의 인습적 사고, 지배질서와 종교 교리 등에 대해 익살스럽고 풍자적인 대작들을 남긴 인물이다. 특히 전설적인 인물 팡타그뤼엘과 그의 아버지 가르강튀아의 탄생과 교육, 성장의 과정을 그린 『팡타그뤼엘 Pantagruel』(1532)과 『가르강튀아 Gargantua』(1534)가 대표작인데 후대에는 『가르강튀아와 팡타그리엘』로 통칭되고 있다. 그는 법학과 의학, 그리고 스콜라 철학과 신학 등 매우 다양한 분야에 정통했고 르네상스 시대 인문 정신의 부활이라는 시대 정신에 깊이 관련된다. 그는 당대에 종교적으로 논란에 휩싸이고 비판과 지지 사이에서 종교적, 정치적 박해를 받기도 했지만 후세에 볼테르와 발자크, 샤토브리앙 등 많은 프랑스 작가들뿐만 아니라 스턴과 스위프트, 트롤로프와 킹즐리 등 유럽의 많은 근대 작가들에게 커다란 영감을 준 것으로 평가된다.

라블레는 빼어난 이야기꾼으로서 팡타그뤼엘과 가르강튀아 같은 인물의 모험을 다룬 연작을 통해 당대의 현실과 문화, 특히 종교 철학과 신비주의, 반계몽주의, 스콜라 철학 등에 대한 노골적인 비판과 풍자를 담아냈다. 특히 그는 익살스럽고 해학적인 언어 구사에서 탁월한 솜씨를 보여준다. 심지어 비속어와 욕설, 인간 신체에 대한 직설적 묘사와 그로테스크한 과장을 거침없이 감행함으로써 당대 국가와 교회로부터 금서 판정을 받기도 한다. 그의 언어적 특성은 『가르강튀아』의 각 장들에 붙여진 소제목으로부터도 쉽게 감지할 수 있다. '가르강튀아는 어떻게 어머니 뱃속에서 열한 달 동안 있었는가', '가르가멜이 어떻게 가르강튀아를 임신한 상태에서 많은 양의 내장요리를 먹었는가', '그랑구지에는 어떻게 밑 닦는 법의 발명에서 가르강튀아의 놀라운 지적 능력을 알게 되었는가', '가르강튀아는 어떻게 머리를 빗다가 머리카락에서 대포알들을 떨어뜨렸는가', '가르강튀아는 어떻게 샐러드 속에 들어간 순례자 여섯 명을 먹었는가' 등등.[10]

바흐친은 『가르강튀아와 팡타그뤼엘』에서 라블레 문학의 시공간이 기존의 소설 형식의 시공간을 훨씬 넘어서는 광활함을 가지고 있다는 점에 주목한다. 이른바 크로노토프의 새로운 확장이 아닐 수 없다. 당연히 그것은 세계 인식의 변화를 반영하는 것이다. 가르강튀아와 팡타그뤼엘의 삶의 역정은 가정이라는 공간에 한정되지 않고 지리적으로 방대한 여러 지역,

---

[10] 프랑수와 라블레, 유석호 역, 『가르강튀아, 팡타그뤼엘』, 문학과 지성사, 2004 참조.

여러 나라로 확장된다. 이 과정에서 라블레의 시공간은 사적인 공간과 공적인 공간의 질적 연관을 확보해나감으로써 시공간에 대한 중세적 위계적 인식틀을 파괴하고 새로운 시공간을 창출해나간다. 라블레가 구사하는 인간 육체의 모든 부분에 대한 해부학적·생리학적·자연철학적 묘사와 그에 동원된 언어 또한 새로운 세계관을 담고 있다. 인간 육체와 그 생명의 새로운 의미와 가치를 발견하는 것은 당시로서 매우 중요한 것이었다. 이제 인간의 육체는 세계를 측정하는 구체적인 하나의 척도가 되고 세계 속에 개인이 차지하는 위치를 새롭게 보여주는 것이 된다. 그것은 중세의 인간상에 대한 새로운 논쟁적 대립물인 것이다. 중세를 지배하고 있던 이데올로기 하에서 인간의 육체와 그에 근거한 삶은 더럽고 자기 파괴적인 것으로서 배제의 대상이었을 뿐 진정한 고찰과 표현의 대상이 되지 못했다. 그러면서도 육체적 방종은 그 어느 역사적 시기보다 심했다. 라블레는 인간의 육체적 존재를 금욕적이고 내세적인 종교적 이데올로기뿐만 아니라 중세의 방탕하고 조야한 실제의 삶과도 대비적인 의미로 그려낸다. 그는 육체에 대한 과감한 언어적 표현을 통해 육체의 의미를 인간과 삶의 고대적 이상 속에서 회복시켜내고자 했던 것이다.

라블레는 인간 육체에 대해 해부학적일만큼 정교하게 묘사하면서 동시에 항상 그로테스크한 변형과 과장, 환상을 도입함으로써 기존의 인식틀을 전복하고자 한다. 이를테면 가르강튀아의 탄생과정을 설명하면서 그의 어머니가 순대를 너무 많이 먹어 직장의 탈수현상을 초래하고 그 결과 심한 설사를 하면서 가르강튀아를 낳게 된다고 말한다. "이 불행한 사건의 결과 자궁이 느슨해졌다. 아이는 나팔관을 통해 정맥 속으로 뛰어오른 뒤에 이 정맥이 둘로 나뉘는 상박까지 횡격막을 건너기어 올라갔다. 그 뒤에는 왼쪽으로 갈라진 정맥으로 인하여 왼쪽 귀를 통해 기어 나왔다." 라블레는 인간의 탄생과정을 해부학적으로 정확하게 묘사하면서 기괴하고 환상적인 묘사를 덧붙이고 있다. 라블레는 인간의 육체뿐만 아니라 그와 연관된 부분들, 즉 음식과 음주, 배설, 성, 죽음 등 모든 대상에 대해서도 그와 같은 전복적 언어와 환상적 언어를 동원하여 새로운 표현을 시도한다.

라블레의 이러한 전복적 언어는 세계를 구체화하고 물질화하며 인간 개인의 척도에 비추어 재평가함으로써 기존의 세계관을 파괴하고 새로운 세계관을 건설하는 과정을 보여준다. 라블레는 세계를 인식하는 기존의 틀에서는 사용되지 않았던 육체와 육체에 관련된 모든 대상들을 노골적이며 직접적인 언어로 그려냄으로써 세계에 대한 새로운 언어적 모형의 창출을 도모하고 그것은 세계관의 혁신과 직접적인 연관을 지니고 있는 것이다. 바흐친은 라블레의 그러한 새로운 세계관을 민속적 크로노토프의 구현으로 설명하면서 유럽 역사에서 공동체의 분화와 공동체 모형의 변화와 관련된 것으로 이해한다. 고대 소설이 태어나면서 서사시적 세계관에 균열을 일으키듯이 라블레의 민속적 크로노토프는 중세 이데올로기와 그에 근거한 공동체의 붕괴와 새로운 미래 지향성을 드러내고 있는 것이다.

바흐친은 이와 같은 라블레 문학의 특성을 유럽 문화사 속에서 고급문화와 더불어 공존해왔던 민중문화의 정신 속에서 해명한다. 따라서 『라블레』는 라블레 자체에 대한 연구일 뿐만 아니라 유럽 민중문화의 정신, 웃음과 풍자 정신에 입각한 새로운 전복의 정신을 탐구하는 것이었다.[11] 고급문화는 그 시대의 지배문화로서 지배질서를 유지하고 정당성을 구축하기 위한 국가적 전례나 종교적 의식 등으로 구성된다. 반면 유럽 문화사에서 민중문화는 피지배계급의 비공식문화로서 웃음과 풍자, 패러디와 같은 형식으로 현실을 비판하는, '공식적인 세계 저편에' 있는 '제2의 삶, 제2의 세계'를 지향하는 문화이다. 바흐친은 민중문화의 이런 전통이 드러나는 형식을 세 가지로 구분한다.

---

[11] 이런 점에 근거하여 바흐친이 당시 스탈린주의의 전체주의화에 대항하여 숨은 논쟁을 벌이고 있다고 해석하는 학자들도 많다. 나름대로 근거가 있는 것이긴 하지만 자칫 바흐친의 민중문화론을 지나치게 정치적 의미로, 특히 당대적 의미로 축소시킬 우려가 있다는 점에서 그런 해석을 너무 과신하는 것은 바람직하지 못하다. 그런 해석에는 바흐친 자신의 의도보다도 해석하는 사람의 정치적 의도가 너무 많이 개입되어 있을 수 있기 때문이다. 물론 당연히 바흐친이 주목하는 민중문화와 민중문화의 건강성은 당대 도식화되어가던 민중성 개념과 관제화된 민중문화와 궤를 달리하는 것이다. 그리고 현대의 제도화된 민중성과 민중문화와도 보편적 의미에서 매우 큰 차이를 가지고 있는 것 또한 사실이다.

1. 의식적-구경거리의 형식들(카니발 유형의 축제, 광장의
   다양하고 우스꽝스러운 파르스 등등)
2. (언어로 표현된) 다양한 유형의 골계(滑稽) 문학 작품
   들(패러디를 포함하여) : 라틴어나 속어로 구전 또는 필
   사된 작품들
3. 거리낄 것 없는 광장 언어의 다양한 형식과 장르들
   (욕설, 신을 걸고 하는 맹세, 서약, 블라종(저속한 풍자) 등등)[12]


　　이런 형식들은 형식적으로 매우 이질적이기는 하지만 세계
에 대한 해학적 관점을 지니고 있다는 점에서 매우 통일적이
다. 그리고 내용적으로도 긴밀하게 상호 연관되어 있다. 이런
형식들을 종합적으로 수렴하고 새로운 형식으로 창조해낸 인
물이 바로 라블레였다. 바흐친은 『라블레』에서 먼저 위와 같
은 세 형식이 고대로부터 근대에 이르기까지 어떻게 변화 발
전되고 쇠퇴했는가를 밝힌다. 그리고 이를 토대로 라블레 문
학의 '광장의 언어'와 '민중 축제적 형식과 이미지', '향연의
이미지', '그로테스크한 몸의 이미지와 그 기원', '물질적 육체
적 하부의 이미지', '라블레의 이미지와 그 시대의 현실' 등과
같은 방대한 분석에 나선다.

---

[12] 미하일 바흐친, 『프랑수아 라블레의 작품과 중세 및 르네상스의 민중문화』, 이덕형·최건영
　　역, 아카넷, 24쪽. 이후 이 책에서의 인용은 본문에 (『라블레, 쪽수』)로 표기함. 단 인용문은
　　원문과 대조하여 필요한 경우 수정하였다.

무엇보다 먼저 바흐친은 '의식적(儀式的)-구경거리'의 형식, 주로 카니발 유형의 축제를 통해 드러나는 유럽 민중문화의 정신을 파악하고 그것을 유럽 역사의 감춰진 맥락을 읽어내는 데 활용한다. 유럽 역사에서 카니발 정신은 이미 고대로부터 시작되어 모든 문화의 카니발화가 이루어져 왔다는 것이다. 그것은 우리 문화사에서 1970년대부터 탈춤과 마당극 전통에서 민중문화의 저항성과 건강성을 찾고자 했던 노력과도 상통한다고 말할 수 있다.

바흐친의 카니발 개념이 가장 정확하고 풍부하게 제시된 것은 박사학위 논문에서이고 여기서 확립된 카니발 정신은 도스토예프스키의 폴리포니야 소설론에 그대로 결합된다.[13] 바흐친은 도스토예프스키 시학에 관한 책을 1963년 재출간하면서 라블레 연구를 통해 확립한 카니발 정신과 문학의 카니발화에 대해 폴리포니야 소설 장르와의 연관 속에서 상세하게 보충하고 있다.

카니발은 보통 우리말로 사육제(謝肉祭)로 번역되는 것으로, 고기를 치우거나 없앤다는 의미의 라틴어 카르넴 레바레(carnem levare) 또는 카르넬레바리움(carnelevarium)에서 유래되었다고 한

---

[13] 오늘날 바흐친이 규명하고 있는 라블레의 카니발론이 도스토예프스키의 폴리포니야 소설론과 내적으로 통일되어 있기보다는 이교적 반교회주의로서 악마주의에 가득한 것이라는 비판도 존재한다. 변현태는 이런 견해들을 소개하고 비판하면서 카니발론이 폴리포니야 소설론과 유기적으로 통합되어 있다는 관점에서 연구되어야 함을 강조한다(변현태, 바흐친의 라블레론, 러시아어문학연구논집 제10집, 한국 러시아문학회, 2001).

다. 사순절 기간 동안 예수가 황야에서 단식한 것을 상기하며 육식을 금하기 때문에, 사순절 전야에 3일이나 7일 동안 술을 마시고 고기를 먹으며 즐기기 위한 축제가 성행했는데 이것을 바로 카니발이라고 부르는 것이다. 카니발은 나라와 지역, 역사적 시기에 따라 매우 다양하게 나타나지만 종교적인 일상의 엄격한 문화와 규율을 벗어나 민중들이 다함께 어울리고 참여하는 공간이라는 보편적 특징을 지닌다. 전통적으로 카니발 축제는 대부분 가면이나 화장으로 분장을 하여 신분을 감추거나 기괴한 옷차림을 한 사람들이나 대형으로 만든 인형들을 앞세워 거리를 행진하는 것으로 구성된다. 이 기간 동안에는 평소에 금지되고 금기시되었던 모든 것들이 허용되고 적극적으로 표현되었다. 신분의 위장과 전복적인 제의 형식 등을 담은 '의식적 구경거리'가 공연되고 거기에 온갖 사람들이 직접 참여하고 즐기는 다양한 놀이문화가 총동원되었던 것이다. 따라서 카니발은 자연스럽게 민중 사회 속에 비공식적으로 계승되던 다양한 지역적 민중연희가 집중적으로 표출되는 공간이었다.

카니발은 축제, 제의, 가면극 등 다양한 형식으로 전개되지만 그 핵심을 관통하는 정신은 웃음과 참여, 일상생활의 규범과 질서로부터의 벗어남이었다. 거리의 파르스(작은 소극)와 행렬들, 독특한 바보제(feata stultorum)나 당나귀 축제, 부활절 웃음(risus paschalis) 등 카니발에 동원되는 연희 양식은 매우 다양하다. 카니발이 벌어지면 자연스럽게 온갖 어릿광대와 익살꾼과 다양하게 분장한 거인과 난쟁이, 절름발이 등이 등장하여 흥을 돋우기 마련이다. 카니발 축제는 대체로 성사극(聖史劇, mystère)과 소티(sotie)가 상연되는 날 절정에 달한다. 성사극이란 성스러운 사건이나 성인들의 일대기를 무대에 올리는 중세의 신비적 종교극을 말하고 소티는 주로 프랑스 중세의 우스운 어릿광대 극을 말하는 것으로 상스럽고 저속한 농담 속에 사회와 현실, 고상한 인물들을 풍자하는 극이다. 카니발의 이런 우스운 구경거리들은 단순한 유흥거리나 볼거리가 아니라 기존 세계에 저항하고 새로운 세계를 지향하는 의지와 관련되어 있다.

> 웃음의 원리를 통해 구성되는 이 모든 의식적—구경거리 형식들은 근본적으로, 특히 엄숙한 공식적—교회 또는 중세 봉건 국가의—전례 형식 및 예식들과 현저하게 구별된다고 말할 수 있다. 의식적—구경거리 형식들은 완전히 이질적이고 비공식적인, 특히 교회 외적(外的)이자 국가 외적(外的)인 세계와 인간, 그리고 인간적인 관계의 관점을 제공하고 있었다. 그 형식들은 마치 모든 공식적인 세계 저 편에, 모든 중세인들이 많건 적건 참여했고 일정 기간 동안 살았던 제2의 세계와 제2의 삶을 건설하고 있는 것처럼 보였다.
>
> 『라블레』, 26

앞서 소설과 서사시의 세계를 대비할 때에도 바흐친은 소설을 민중적 웃음의 문화와 연결 지었고 서사시를 민족과 집단의 기원과 관련된 고급문화, 진지한 정신세계와 연결 지었다. 여기서도 바흐친은 고급문화를 지배문화, 공식적이고 엄격한 규범의 문화로 규정하고 카니발 문화를 이질적이고 비공식적인, 교회와 국가 등 지배문화 바깥에 존재하는 민중의 문화로 이해한다. 바로 이런 카니발은 전 민중이 광장으로 모여 웃고 떠들면서 일상의 지배와 규범을 전복하는 축제이다. 이렇게 카니발이 진행될 때에는 마치 모든 현존 질서와 제도, 특권, 규범, 금지가 일시적으로 파기되는 것만 같다. 특히 모든 위계 관계의 파괴에 주목할 필요가 있다. 중세 봉건 제도의 배타적이고 엄격한 계층 질서, 일상적 삶에서 사람들을 조직하고 분리시키는 엄격한 신분 질서 등으로부터 사람들은 전혀 새로운 사람이 된 것처럼, 새롭게 태어난 것처럼 행동한다. 이 과정에서 사람들은 단지 상상이나 일정한 조건 속에서가 아니라, 생생한 물질적 감각적 감촉을 통해 자신을 해방된 개인으로 느끼고 체험한다. 그런 상황에서 사람들이 평소와 달리 어떻게 행동하고 말하는지 상상하기 어렵지 않다. 바흐친은 바로 그런 상황에서 태어나는 새로운 행동과 언어, 새로운 세계감각, 민중적 세계관과 그 미래 가능성에 깊은 시선을 던지고 있다.

카니발 언어의 모든 형식과 상징들은 변화 갱신의 격정에 대해, 지배적인 진리와 권위에 대해 유쾌한 상대성의 의식에 젖어 있는 것이다. 독특한 '거꾸로', '반대로', '뒤집은' 논리, 위와 아래(바퀴처럼), 앞모습과 뒷모습이 끊임없이 자리를 바꾸는 논리, 그리고 패러디와 풍자적 개작, 격하(格下), 모독, 익살스러운 대관(戴冠), 탈관(奪冠)과 같은 다양한 형식들이 그것의 특징이 된다.

『라블레』, 34

카니발이 벌어질 때면 일상적 생활의 질서와 체계를 규정짓는 구속, 금기, 법칙들이 제거된다. 무엇보다 먼저 위계질서와 거기에 관련된 공포, 공경, 경건, 예절 등의 형식이 제거된다. 즉 사회적 계급적 불평등이나 그 밖의(연령의 차이를 포함하여) 불평등과 연관된 모든 것이 제거됨을 말한다. 또 삶들 사이에 놓여 있는 거리도 모두 제거되고 카니발 특유의 카테고리인 자유롭고 스스럼없는 사람들 간의 접촉이 효력을 발생하게 된다. 그것은 카니발적 세계관의 대단히 중요한 요소이다. 현실 생활에서는 뛰어넘을 수 없는 위계의 장벽으로 격리된 사람들이 카니발이 벌어지는 광장에서 자유롭고 거리낌 없는 접촉을 하게 된다.

『시학』, 181

이처럼 바흐친은 중세 유럽의 카니발 축제 문화의 정신을 전복의 정신, 위계적인 중세문화에 대비하여 평등하고 자유로운 분출로 이해한다. 다양한 카니발 극의 대표적인 구도는 왕의 대관과 박탈이다. 이 구도는 사육제나 바보제나 농신제 등 다양한 공연에서 다양하게 변주되어 나타난다. 이 극의 기저에는 바로 교체와 변화, 죽음과 갱생의 카니발적 파토스가 담겨있는 것이다.

바흐친은 카니발에서 웃음의 기능에 특히 주목한다. 우선 카니발에서의 웃음은 그저 한 개인이 재미있어서 터뜨리는 웃음이 아니라 전 민중적 웃음으로 모든 사람들이 웃는, '세계에 대한' 웃음이다. 그리고 둘째로, 카니발적 웃음은 모든 사물과 모든 사람들을 향한 보편적인 것으로 그 누구도, 세상의 그 무엇도 이 웃음의 대상이 되며, 모두가 웃음거리가 된 자신의 모습을 통해 유쾌한 상대성 속에서 자신을 대한다. 그리고 세 번째로, 이러한 웃음은 양가적 가치를 지니고 있다. 환호작약하며 유쾌해하면서 동시에 조소와 비웃음을 띠게 되며, 부정과 긍정이 뒤섞인 것이 바로 카니발적 웃음인 것이다. 이런 점에서 카니발적 웃음은 순수한 풍자적 웃음과 구별된다. 풍자적 웃음은 부정적인 웃음으로 풍자하는 자가 그 웃음의 바깥에 위치해 있기 때문이다. 풍자적 웃음 속에서는 세계의 총체성이 파괴되고 우스운 것(부정되는 것)은 현상의 한 부분이 되고 만다. 반면 카니발적 웃음, 민중들의 양가적 웃음은 웃는 사람 자신도 포함하여 생성되는 총체적 세계에 대한 시선을 담아내고 있다. 이러한 이유로 카니발적 웃음은 단순한 웃음이 아니라 독특한 세계관적 성격을 지닌 것으로 숭고한 것, 전인류적, 보편적, 유토피아적 세계에 대한 지향을 담고 있다. 카니발과 웃음에 대해 강조하면서 그것을, 그 형식들을 인간과 세계에 대한 인식론적 변화와 연결시키고자 하는 바흐친의 의도가 분명히 드러나는 대목이다.

바흐친은 카니발 유형의 축제는 이미 고대 민중의 삶에서 커다란 위치를 차지하고 있다고 말한다. 고대 그리스와 로마의 농신제가 대표적인데 이런 전통과 중세 유럽의 카니발 전통 사이에는 긴밀한 연관이 존재한다. 그런 가운데 다른 많은 예술 장르와 더불어 문학 역시 이런 카니발 전통을 문학적으로 수용해왔다. 그러나 무엇보다 중세 르네상스 시대에 카니발 요소들은 공식적인 삶과 세계관 속에 가장 넓게 영향을 미치고 거의 모든 예술 문학에서 카니발화가 진행된다.

카니발적 세계관과 그 카테고리, 카니발적 웃음, 대관과 박탈의 카니발 극과 교체와 가장(假裝)의 상징체계, 카니발적 이중성, 자유분방한 카니발의 언어—스스럼없고, 냉소적이고 노골적이며, 그로테스크하고, 칭찬과 욕설이 어우러진 언어—의 모든 뉘앙스가 예술문학의 거의 모든 장르 속으로 깊숙이 침투하였다. 카니발적 세계관의 근저에는 르네상스적 세계관의 복잡한 모습들도 형성되어 잇다. 카니발적 세계관의 프리즘을 통해 보면 그 시대의 휴머니스트들이 복구한 고대문화조차도 어느 정도 굴절되어 있다. 르네상스는 카니발적 삶의 정상이다.

『시학』, 191

그러나 17세기 이후 민중적 카니발과 카니발적 삶은 퇴조한다. 카니발 축제는 다양하게 분화되어 명맥을 유지하였지만(실내에서 벌어지는 가장무도회, 서커스, 흥행용 연극 등) 카니발 고유의 민중성과 광장성은 거의 상실한 상태였다. 삶의 직접적 형식으로서의 카니발은 문학예술의 특수한 형식 속에서 간접적인 형태로만 그 정신을 유지할 수 있었다. 문학의 카니발화 역시 이런 맥락에서 그 전통을 유지해왔다.

바흐친은 라블레를 문학의 카니발화의 정점으로 보면서 그 민속적 크로노토프의 전복적 효능과 가치를 세부적으로 분석한다. 물론 그것은 단순하게 학술적 연구를 넘어 그것을 고찰하는 바흐친의 세계관을 적극적으로 담아내고 있는 것이다.

> 카니발이란 무대의 조명도 없고, 연기자나 관객의 구분도 없는 구경거리를 말한다. 카니발에서는 모두가 적극적인 참가자이며, 모두가 카니발 행위에 관여한다. 카니발은 관조하는 것도 아니요 엄격히 말해서 공연하는 것도 아니다. 카니발은 그 속에서 사는 것이며, 카니발 법칙이 발효하는 한 그 법칙에 따라 사는 것으로서 다시 말해 카니발적 삶을 사는 것이다. 카니발적 삶이란 통상적인 궤도에서 벗어난 삶이며, 어느 한도에서는 '뒤집혀진 삶', '거꾸로 된 세상'이다.
>
> 『시학』, 180–181

'뒤집혀진 삶', '거꾸로 된 세상'이라는 바흐친의 표현은 그 자체로 바흐친의 세계관을 대변하는 말이라고 할 수 있다. 많은 연구자들 역시 바흐친의 이 개념이 지닌 혁명성, 변혁지향성에 깊은 관심과 애착을 보였다. 바흐친이 중세의 카니발 문화에서 발견한 이런 정신, 모든 사회관계와 질서를 전복하고 자유롭고 평등한 사람들의 잔치라는 정신은 과연 중세 카니발이 그랬는가 그렇지 못했는가의 사실 여부에 대한 논쟁과 별도로, 바로 그런 점을 중요하게 부각하고 조성하려는 바흐친의 이상 자체만으로도 충분히 가치가 있다. 그것은 교조주의와 전체주의, 관료주의로 변질되어 가는 소련 사회주의 체제에 대한 '우화적인' 비판이 될 수 있을 뿐만 아니라 현대 사회 전체에 대한 본질적 비판이자 새로운 미래 공동체를 향한 이상적 발언이 아닐 수 없다. 물론 바흐친이 주목하는 카니발과 카니발 정신이 혁명적인 것이라기보다 제도 내에서의 '허가된 잔치'일 뿐이라는 반론도 충분히 강력하다. 그리하여 "카니발은 어쨌건 모든 의미에서 하나의 '인가된' 행사, 용인된 헤게모니의 붕괴, 통제된 대중적 분출로 혁명적 예술 작품만큼 전복적이고 그만큼 또한 상대적으로 효과 없는 것이다."[14]는 비판이 나올 수 있다. 즉 카니발은 카니발이 끝나면 모두가 제자리로 다시 돌아가는 한시적인 공간, 허용된 공간일 뿐 진정한

---

14 테리 이글턴, 「벤야민과 축제」, 『바흐친과 문화이론』, 여홍상 엮음, 문학과 지성사, 1995, 171쪽.

혁명적 가치관의 실현과는 거리가 멀다는 비판이다. 그러나 바흐친에게, 그의 카니발 개념에게 모든 것을 요구하기보다 바흐친의 그런 정신, 카니발이 내포하는 그런 정신을 오늘날 어떻게 계승하느냐의 문제로 받아들인다면 우리는 좀 더 생산적인 논의로 나아갈 수 있을 것이다. 사실 카니발론을 도스토예프스키론으로 연결시키면서 바흐친은 카니발 형식의 직접적 계승이 아니라 그 생산적 변용, 도스토예프스키적인 새로운 소설 창조를 보다 강조하고 있다. 폴리포니야 소설론은 카니발의 정신을 새롭게, 보다 근대적으로 계승한다는 뜻이지, 카니발을 이상화해서 그것을 재현하자는 것은 당연히 아니기 때문이다. 이런 점에서 우리는 바흐친의 『라블레』 연구와 카니발론, 도스토예프스키의 폴리포니야 소설론을 언제나 보다 창조적으로 사고하며 읽을 필요가 있는 것이다.

# 도스토예프스키와 폴리포니야 소설

　바흐친의 대화이론과 폴리포니야 소설론의 결정체는 『도스토예프스키 시학의 제문제』로 귀결된다. 사실 바흐친의 이름을 결정적으로 널리 알려지게 만든 명저로서 이 책은 소설이론에 관한 다른 저작보다 훨씬 앞서 1929년에 『도스토예프스키 창작의 제문제』(Проблемы творчества Достоевского)로 처음 출간되었다. 앞서 말했듯이 바흐친은 이 책을 발간하기 전까지 다른 저자의 이름으로, 혹은 공저로 자신의 저서를 출판했다. 자신의 이름을 분명하게 드러낸 저서는 이 책이 처음인 셈이다. 그러나 이 책을 출판할 무렵 바흐친은 정치적인 이유로 곤경에 처해 있었고, 이 책의 기본적 입장이 당시로서는 '형식주의적' 접근에 경도되었다는 비판을 받으면서 당연하게도 소련 학계에서 크게 주목 받을 형편이 아니었다. 이 책은 1963년 새로운 세대의 젊은 학자들의 노력에 의해 새롭게 수정 보완된 형태로 재출판되면서 바흐친의 이름을 세계에 알리는 결정적인 역할을 한다.

이 책에서 바흐친은 사상적 측면에 치중했던 도스토예프스키 연구를 예술성, 즉 소설 시학의 새로움을 규명하는 연구로 전환해야 한다고 주장한다. 그리고 도스토예프스키 시학에 관한 연구를 바탕으로 폴리포니야 소설 장르에 관한 철학적 성찰을 대화주의 사상으로까지 확대하기 위한 구체적인 작품 분석을 시도한다. 바흐친은 이 책을 처음 집필한 뒤, 소설 장르론과 소설 언어론 등 보다 구체적인 소설 장르의 역사를 해명하는 논문을 집필해나간다. 이후의 논문들은 바로 도스토예프스키 소설 시학 연구로부터 파생하는, 즉 그것을 보다 구체화하는 연구들이다. 그런 점에서 폴리포니야 소설론을 이해하기 위해서 이 저작 이후의 저작들에 나타나는 이론적 개념들로부터 저작 시기를 거슬러 올라가면서 이해하는 것이 효과적일 수 있다. 앞에서 시기적으로는 좀 더 후기에 발표된 서사시와 소설, 크로노토프 등의 개념을 먼저 검토한 것은 바로 이런 이유에서이다. 소설이 동시대성의 극대화된 접촉의 형식으로 발전해왔고 동시대성을 재현하는 소설 속 크로노토프의 유형적 발전과정을 통해 폴리포니야 소설 형식의 탄생을 규명하는 과정으로 이해하는 것이 바흐친 사상의 전개과정을 이해하는 데 적절할 것이기 때문이다.

## 작가와 주인공

　소설이라는 것은 그 형식적 다양함에도 불구하고 어차피 누군가가 누군가에게 말하는 형식이다. 가장 단순하게 도식화해서 보면, '작가-작품-독자'로 이어지는 일정한 내용의 전달 형식이다. 작가의 세계관이나 현실 인식이 일정한 문학적 형식을 통하여 독자에게 전달되고 수용된다는 것은 소설뿐만 아니라 다른 모든 예술형식의 기본적인 소통형식이라고 말할 수 있다. 누가 이걸 부정할 수 있겠는가. 그러나 이 기본적인 소통형식을 모든 것이 작가로부터 발원하여 독자로 귀결되는 일방적인 과정이라고 단순하게 이해하면 예술의 존재와 그 살아 있는 소통과정의 의미를 전혀 무시하는 결과를 초래한다.

　작품의 모든 것을 작가의 것으로 간주하고 또 독자는 오직 그것만을 받아들이는 것으로 상정하면 예술이란 일정한 가치와 내용을 전달하는 기계장치에 지나지 않는다. 언어예술 작품을 이해할 때 특히 그런 견해의 유혹을 뿌리치기 힘들다. 말이란 본래 무언가 전달한다는 뿌리 깊은 의식을 극복하기 쉽지 않기 때문이다. 우리의 일상이 무언가를 전달하지 않는 언어들로 가득 차 있다는 주장을 전적으로 수긍하기란 그리 쉽지 않다. 텔레비전 뉴스나 신문 기사가 사실 전달에서 미흡하거나 다소 왜곡되었다고 불만을 터트릴 수 있지만 온통 그것이 거짓이거나 꾸며낸 것이라고 말할 수는 없을 것이다. 다소

간의 불만이나 비판 역시 무언가를 분명하고 진실하게 전달해야 하고 전달할 수 있다는 전제에 입각해 있지 않은가. 따라서 말이나 글이 전달해야 할 무엇을 가지고 있고 전달해야 할 의무가 있으며 또 그에 의해 전달되는 것을 읽고 듣고 해석해서 수용해야 한다는 점을 기본적으로 인정하지 않을 수 없다. 그러나 이런 기본적인 의사소통과정을 십분 전제한다고 해도 모든 것을 그런 과정으로 환원시켜버린다면 오히려 의사전달 과정 자체도 왜곡해버릴 수 있다는 사실을 직시하지 않으면 안 된다. 분명 작품의 모든 것은 작가의 것이 아닐 수 없다. 그러나 작가가 의식하지 못하거나 의도하지 않은 요소들도 얼마든지 작품에 포함될 수 있다. 또한 독자들은 적극적인 수용활동을 통하여 작품에서 지시된 내용을 넘어서는 것을 자기화할 수 있다. 결과적으로 예술과정은 작가로부터 발신된 메시지가 온전하게 독자에게 전달되는 그런 일방적이고 수동적인 과정만은 아닌 것이다.

작가와 작품의 수동적인 관계 모델을 극복하기 위해 작가로부터 작품의 독립성과 독자성을 모색한 것은 러시아 형식주의 문학 비평이론과 영미권의 신비평 이론으로부터 시작되었다. 작가와 사회에 대한 예비적 고찰과 그로부터 작품의 여러 요소들을 유추하는 19세기의 인류학주의적 문학비평과 사회학주의적 문학비평 일면성을 비판하면서 형식주의 비평은 언어의 독자적 성격과 기능에 대한 이해를 바탕으로 작품 자체가 지닌 의미 구성 형식을 찾아내고자 노력했다. 신비평 이론의 기본적 입장 역시 작품을 이해하고 해석함에 있어 작가와의 연관을 배제하고 작품 자체의 구성과 형식 자체를 중시하는 것이었다. 이들의 영향으로 보다 구체적인 분석체계를 구축한 구조주의와 그로부터 연원하는 다양한 '포스트' 구조주의 이론 등도 '작가-작품-독자'의 도식적 이해를 극복하고 살아 있는 생생한 가역적 관계와 상호적 관계에 주목하고자 한다. 그러나 이러한 현대 이론들이 작가와 작품, 독자의 기본적 관계를 보다 생생하게 이해하고자 하는 다양한 방법론들을 내세우고 있지만 이 세 계기들을 통합적으로 이해하기 위한 방법론 구축은 여전히 미흡하다. 작가의 주도성을 비판하고 작품을 강조하거나, 혹은 독자의 창조적 해석과 수용을 강조하거나 함으로써 기존의 도식을 보다 탄력적이고 생생하게 이해하도록 촉구하기는 했지만, 예술의 존재과정, 즉 '작가-작품-독자'의 삼각틀을 이해하는 총체적인 방법론은 여전히 논쟁중인 것이다.

바흐친의 대화주의와 폴리포니야 소설론은 이런 점에서 분명 새로운 방법론적 모델을 제시하고 있다. 바흐친은 우선 작품의 주인공이 작가로부터 어떻게 독립적이고 독자적일 수 있는가를 살펴본다. 만일 주인공이 철저하게 작가의 세계관과 계급적 입장으로부터 발원되는 것이라면 그는 살아있는 주인공이 아니라 특정한 목적으로 외부에서 주입된 일종의 무대장치, 혹은 작가에 의해 움직이는 어릿광대에 지나지 않는다. 이 경우 작가로부터 독립적인 주인공의 독자성이란 작품의 유기성의 파괴를 의미할 뿐이고, 독자의 창조적 해석이란 주관적인 과잉 해석에 불과한 것이 된다. 과연 작가가 창조하는 인물인 주인공이 작가로부터 독립적이고 독자적일 수 있는가. 작가가 구상하고 쓴 주인공의 의식이 작가의 의식 바깥에, 그 너머에 존재할 수 있는가. 이점이 바흐친의 소설론과 대화주의 사상, 혹은 바흐친의 인문주의 사상을 이해하는 가장 핵심적인 출발점이라고 말할 수 있다.

앞서 살펴보았듯이 독백적 소설은 작품에서 작가의 목소리 외에는 모두 주변적이다. 작품의 모든 요소는 작가가 표방하는 가치관과 세계인식을 기초로 위계적으로 편제되어 있을 뿐이다. 주인공과 여타 인물들은 작가의 가치관과 그에 따른 창작 의도에 따라 각자의 위치가 결정되어 있고 그에 따른 의식이 작가에 의해 외부적으로 주입된다.

독백적 구상 속에서의 주인공은 폐쇄되어 있다. 따라서 그의 의미적인 경계는 엄격하게 윤곽이 그려져 있다. 이러한 경우에 주인공은 일정하게 정해진 형상으로 그 한계 속에서만, 있는 그대로의 그 자신의 한계 속에서만 행동하고 체험하고 사고하고 의식한다. 그는 결코 그 자신이 아닐 수가 없는 것이다. 즉 그는 자신의 성격, 전형, 기질의 한계를 빠져나올 수 없다. 만일 빠져나온다면 그것은 그에 대한 작가의 독백적 구상을 파손하는 것이다. 그와 같은 형상은 주인공의 의식을 객체적인 대상으로 대하는 작가의 세계 속에서 만들어진다. 이러한 세계의 축조는—작가의 시점들과 작가의 종결적인 규정 하에서—그 외부에 안정된 입장, 즉 안정적인 작가의 시야를 전제로 한다. 주인공의 자의식은 그 자신으로서는 접근할 수 없는, 그를 묘사하고 정의하는 작가의 의식이라는 견고한 테두리 속에 갇혀있고 외부세계라는 견고한 배경 위에 주어진다.

『시학』, 76[15]

이러한 독백적 소설과는 달리 도스토예프스키 소설에서 주인공들은 상대적으로 자유와 독립성을 가지고 있다.

도스토예프스키가 주인공에게 관심을 갖는 것은 특정하고 견고한, 사회적으로 전형적이고 개인적으로 성격화된 특징을 지닌 현실 현상으로서가 아니다. 즉 '그는 누구인가?'라는 질문에 답할 수 있는 모든 것을 포함하는, 단일 의미를 가진 객관적인 특징들로 조립되는 일정한 외모에 도스토예프스키는 관심을 갖지 않는다. 도스토예프스키가 주인공에게 관심을 갖는 것은 세계와 자기 자신에 대한 특수한 시점, 그리고 자기 자신과 주변 현실을 해석

---

[15] 이후 제3부에서 이 책의 인용은 본문에 (쪽수)로 표기함.

하고 평가하는 한 인간의 입장이다. 도스토예프스키가 중
요시하는 점은 세계 속에서 주인공이 누구냐가 아니라,
세계가 주인공에게 무엇이냐, 주인공 자신이 자기 자신에
게 무엇이냐라는 것이다.(70)

도스토예프스키는 작품의 인물을 형상화할 때 그 인물의 사
회적 객관적 특징과 그에 조응하는 성격 부여에 관심을 갖지
않는다. 도스토예프스키에게 인물의 사회적 지위나 신분, 재산
상태, 생김새 등과 같은 현실의 외적 지표와 일상 환경적 요소
들은 그 인물을 꼭 그 인물이게끔 하는 필수적인 요소가 아니
다. 그보다는 오히려 그와 같은 외적 세계, 주변 현실에 대한
그 인물 자신의 관점, 인물의 자의식이 바로 그 인물을 그 인
물이게끔 하는 보다 본질적인 요인이다. 보통은 주인공의 자
의식은 주인공의 전체적 형상 중의 일부 특징인데 반하여 도
스토예프스키의 주인공은 반대로 모든 현실이 주인공의 자의
식의 요소가 된다. 외적 현실과 자의식의 관계가 역전되어 있
는 것이다. 따라서 도스토예프스키가 그리는 인물들은 도스토
예프스키라는 작가가 관찰하고 성격 부여하는 수동적 피조물
이 아니라 그들 스스로 세계에 대해 사고하고 세계 속의 자신
을 스스로 규정하는 능동적·창조적 의식의 소유자이다. 작가
는 주인공의 미세한 특징이나 특성, 본성을 작가 자신의 시각
으로 규정하는 법이 없다.

주인공 자신의 현실뿐만 아니라 그를 둘러싼 외부세계
와 일상생활도 자의식의 과정 속으로 빨려 들어가 작가의
시야로부터 주인공의 시야로 옮겨 간다. 그것들은 더 이
상 주인공과 동일한 평면에 있지도 않고 주인공을 떠나
작가의 유일한 세계 속에도 있지 않다. 따라서 그것들은
주인공을 한정시키는 인과적 요인이 될 수 없을뿐더러 작
품의 설명적 기능도 수행할 수가 없게 되었다. 모든 대상
세계를 흡수한 주인공의 자의식과 동일한 평면 위에 있을
수 있는 것은 오로지 다른 의식일 뿐이고, 그의 시야와 세
계에 대한 그의 시점 곁에는 오로지 별개의 시야와 세계
에 대한 별개의 시점만 있을 수 있다. 작가는 모든 것을
흡수하는 주인공의 의식에 오로지 하나의 객관적 세계 —
주인공과 동등한 권리를 가진 다른 의식들의 세계 — 만을
대립시킬 수 있다.(73)

다시 말하면 도스토예프스키의 주인공은 오직 자신의 시야
로서 보고 듣고 생각한 것을 말한다. 도스토예프스키 작품의
주인공들이 다른 사람의 의식과 말에 민감하고 아주 민감하게
말을 하는 주인공들이라는 점, 그리고 도스토예프스키 작품들
이 대체로 다른 작가들보다 대화나 주인공 자신의 말로 더 많
이 구성되어 있다는 사실 등은 주인공으로 하여금 자신의 자의
식을 드러내도록 만들기 위해 선택한 불가피한 특성인 것이다.
이를테면 「지하생활자의 수기」는 40여 년 동안 지하실에서

살아온 사람의 자신에 대한 이야기이다. 그는 자신에 대해 남들이 하는 말을 몰래 엿들으며 다른 사람의 의식 속에 자신을 비춰보고 그 속에서 자신이 어떻게 굴절될 수 있는지를 가늠해본다. 그럼으로써 그는 타인의 의식과 자기 자신의 의식에 비쳐진 자신의 모습을 통해 자신에 대한 객관적 정의를 알고자 하며 자신도 아니고 타인도 아닌 '제3자'의 시점을 생각할 수 있다. 하지만 그는 자신에 대한 이러한 다양한 정의들(타인에 비친 자신, 자기 자신에게 생각되는 자신, 제3자의 시각에서의 자신 등)이 모두 자기의 수중에 있다는 것과 그 자신이 이 모든 정의를 의식하고 있다는 이유에서 "이러한 정의에 의해 자신이 최종화될 수 없다는 것"(78)도 잘 알고 있다. 따라서 "그는 이러한 제정의의 한계를 뛰어넘을 수 있고 그것들을 부정확하게도 만들 수 있다. 그는 그에 대한 최후의 말이 무엇인지 알고 있으며, 그 말 속에 나타난 있는 그대로의 그가 되지 않으려고 그에 관한 최종적인 말, 그의 자의식에 관한 말을 보류시키려고 안간힘을 쓰고 있기 때문이다. 그의 자의식은 자신의 미완결성, 비폐쇄성, 불확정성에 의해 살아가고 있는 것이다."(78) 작가는 성격이나 유형, 기질 같은 모습으로 주인공을 드러내는 것이 아니라 주인공 자신과 세계에 대한 주인공의 '말'을 창조해내고 있다. 따라서 바흐친은 대체로 도스토예프스키의 주인공들은 하나의 객관적 상이 아니라 '순수한 목소리'와 같다고 말한다.

그렇다면 그런 자의식을 가진 주인공이 스스로 자신을 묘사하는가? 물론 그것은 아니다. 어쨌든 그런 주인공도 작가의 산물임을 부정할 수는 없다. 그렇다면 작가와 주인공은 다시 불가피하게 종속적 관계라고 말할 수 있는가. 바흐친은 작가의 배제나 작가의 역할에 대한 고의적인 무시로 나아가기보다 작가의 의식이 '보고 묘사하는' 대상과 별개의 의식으로 남아있다는 사실을 인정한다. 바흐친은 작가의 이런 태도, 즉 주인공에 대한 작가의 독립적 태도가 인간에 대한 이해에 있어 코페르니쿠스적 혁명이라고 말한다. 다시 말하자면 도스토예프스키의 소설의 주인공은 단순히 새로운 예술기법의 소산이 아니라 궁극적으로 인간에 대한 새로운 발견의 결과로 태어난 것이다. 그것은 인간에 대한 그 어떤 외부적 규정이나 이해도 그 인간을 결코 온전하게 규정하고 이해하는 것이 될 수 없다는 전제를 담고 있다.

살아있는 인간을 그 인간 당사자의 참 의사를 무시한 단정적 인식의 무성적 대상으로 전환시켜서는 안 된다. 인간에게는 항상 무언가가 있게 마련인데 그것은 오로지 인간만이 자의식과 말의 자유로운 행위 속에서 밝혀 놓을 수 있는 것으로서 그 당사자의 의사를 무시한 어떤 외면적 정의에도 따르지 않는 것이다.(86)

이쯤 되면 바흐친이 소설 속의 작가와 주인공의 새로운 관계를 통해 그토록 말하고자 하는 바가 단순한 소설 시학적 혁신이 아니라 바로 인간에 대한 이해의 새로움이라는 것이 분명해진다. 자의식을 가지고 있고 그에 입각하여 끊임없이 어떤 말인가를 하며 자신의 행위를 전개하는 자, 살아있는 인간, 그는 그 누구의 어떤 외적 정의로도 온전하게 파악되지 않으며 그 어떤 외적 정의에도 잉여를 갖는, 항상 그 무언가를 더 가지고 있는 존재이다. 그렇게 살아있는 인간은 생존해 있는 한 결코 완결되지 않으며 자신에 대해 그 어떤 최종적인 말도 거부한다. 인간은 어떤 확고한 계산이 행해질 수 있는 최종적으로 확정된 양(量)이 아니고, 자신을 규제하고 있는 어떤 규범도 파괴하려고 한다.

인간은 자기 자신과 일치하는 법이 결코 없다. 인간에게는 'A는 A이다'라는 등식이 적용될 수 없다. 도스토예프스키의 예술사상에 의하면 한 인간의 진정한 삶은 그가 자기 자신과 불일치하는 지점에서, 즉 그의 의지와 관계없이, '그의 참된 의사를 무시한 채' 몰래 엿보고, 정의하고, 예단할 수 있는 그런 대상으로서의 물질적 존재로 만드는 그 모든 것을 벗어나려는 지점에서 이루어진다. 한 인간의 진정한 삶은 대화적으로 침투할 때에서만 접근이 가능하다. 인간은 그런 대화적 침투에 대해 응답하면서 자유롭게 그 자신이 스스로를 열어 보이는 것이다.(88)

인간에 대해 최종적으로 판정되는 어떤 규정, 즉 살아있는 그를 고정된 어떤 양적 실체로 만들어내고자 하는 어떤 시도도 넘어서는 것, 그리하여 오직 대화적으로 침투하여 스스로가 스스로에 대해 말하게 하는 것, 오직 그와 같은 방법에 의해서만 살아있는 개성은 우리에게 그 모습을 드러낸다. 바로 그렇게 인간을 드러내는 것, 그것이 도스토예프스키에게는 새로운 리얼리즘이다. 그것이야말로 인간의 있는 그대로의 모습을 드러내는 것이기 때문이다. 도스토예프스키는 자신을 심리학자로 부르는 것에 대해 반대한다. '인간의 마음 속 모든 것'을 묘사한다는 점에서 리얼리스트라는 것이다(90). 물론 그러한 리얼리즘은 이제까지의 인습적인 독백적 리얼리즘과는 다른 대화적 리얼리즘을 말하는 것임에 틀림없다.

대화적 침투에 의해 인간이 스스로 자신에 대해 말하게 하는 것, 그것만이 인간을 있는 그대로 드러내는 유일한 방법이자 도스토예프스키의 리얼리즘이다. 그렇게 인간은 스스로에 대해 스스로 말하면서 타자의 시선과 말을 통해 비쳐지는 자신의 모습을 되새김하고 논쟁한다. 그렇다면 여기서 우리는 이와 같은 주인공을 그려내고 있는 작가의 말에 대해 돌이켜 생각할 필요가 있다. 그와 같은 주인공의 말을 구상하고 집필하는 작가, 그는 어떤 태도와 어떤 말로서 주인공의 이런 독립성을 유지시켜줄 수 있는가.

　　도스토예프스키의 폴리포니야 소설에서 주인공에 대한 작가의 새로운 예술적 태도는 작품 전체에 걸쳐 철저하게 실현되는 대화적 입장이다. 그것이야말로 주인공의 독립성, 내면적 자유, 미완결성, 미결정성을 확립시켜 주는 것이다. 작가에게 주인공은 '그'이거나 '나'가 아니라 완전히 독립적인 '너', 즉 또 다른 타자로서의 '나'이다. 주인공은 수사적으로 연출되거나 문학적으로 조건 지워진 대상이 아니라 정말 진정으로 지금 현재의 대화적 상대로 환기되는 주체인 것이다. 이 대화―전체적으로 소설의 '커다란 대화'―는 과거가 아닌 지금, 즉 창작과정의 현재 시점에 벌어지고 있다. 그것은 다 끝나버린 대화의 속기록이 전혀 아니다. 작가가 이미 그 대화에서 빠져나와 보다 높은 자리에서 어떤 결정만 내리게 되는 위치에 있지 않다는 말이다. 만약 작가가 그러한 위치에 있다면 미완결된 진정한 대화는 모든 독백적 소설에서 흔히 볼 수 있는 객관화되고 완결된 대화의 이미지로 변해버릴 것이다. 도스토예프스키에게서 이 커다란 대화란 바로 삶의 문턱에 서 있는 아직 끝나지 않은 것으로 예술적으로 조직되어 있다.(93-94)


　　도스토예프스키의 소설에서 주인공에 대해 작가가 말할 때 작가는 실제로 앞에 서서 작가의 말을 듣고 거기에 답변할 수 있는 자에 대해 말하듯이 말한다. (……) 도스토예프스키의 구상에서 주인공은 자립적인 말을 하는 자이지 작가의 말의 소리 없는 대상이 되는 벙어리가 아니다. 주인공에 대한 작가의 구상은 말에 대한 구상이다. 때문에 주인공에 대한 작가의 말도 말에 대한 말(слолво о слове, discourse about discourse)이다. 그것은 말에게 지향되어 있듯이 주인공에게 지향되어 있으므로 주인공에게 대화적으로 말을 건네고 있는 것이다. 소설의 모든 구조로 볼 때 작가는 주인공에 관해서 이야기하는 것이 아니라 주인공과 같이 대화를 나누고 있는 것이다. 달리 생각하기란 불가능하다. 오로지 대화적이고 함께 참여하는 지향 자세만이 타인의 말을 진지하게 받아들이고, 의미 있는 입장으로, 다른 하나의 시점으로 그 말에 접근할 수 있다. 오로지 내면적인 대화의 지향자세를 통해서만 나의 말은 타인의 말과 긴밀한 접촉을 유지하면서도 동시에 타인의 말과 융합하지 않고 그것을 삼켜버리지도 않고 그 의미를 나의 말 속에서 용해시키지 않는다. 즉 독립된 말로서 그것의 가치를 완전히 보존시키고 있는 것이다. 긴장된 의미상의 관계 속에서 거리를 유지한다는 일은 결코 쉬운 일이 아니다. 그러나 거리는 작가의 구상을 이루는 필수적 구성요소이다. 오로지 거리만이 주인공을 묘사하는 진정한 객관성을 보장시켜주기 때문이다.(94-95)


그러나 과연 이와 같은 주인공의 독립성과 작가의 독립성이 병렬적으로 존재할 수 있는가. 결국 주인공의 독립성보장도 작가에 의해 구상되고 집필되고 있는 것 아닌가. 언뜻 이와 같은 구도, 즉 작가에 의해 창작된 주인공이 작가로부터 독립적이라는 말은 모순적으로 들릴 수 있다. 바흐친 역시 이 점을 의식하고 있다. 여기서 바흐친은 예술 작품의 창작 원리를 해명함으로써 이 문제를 설명해낸다. 즉 예술 창작이란 일정한 예술적 논리와 법칙에 종속되어 있기 때문에 만일 작가가 폴리포니야 소설을 구상하고 이를 실천하려고 한다면, 주인공의 자의식을 드러내는 불가피한 법칙을 따르지 않을 수 없게 된다. 주인공에게 자유를 부여하는 것, 바로 그것이 작가의 구상의 가장 중요한 핵심 요소인 것이다. 그렇다면 작가는 주인공에게 시야를 넘겨주고 소극적으로 작품을 이끌어가는 최소한의 역할에 머무르는가. 그것은 결코 그렇지 않다. 오히려 폴리포니야 소설에서 작가는 적극적인 대화적 역할을 통해 주인공의 자의식을 드러내는 역할을 수행하고 그렇게 하지 않을 수가 없다. 타인의 의식, 즉 주인공의 의식은 작가가 객체처럼 관조하거나 분석하고 정의할 수 있는 것이 아니다. 거듭 말하거니와 타인의 의식은 오로지 대화적으로만 접근 가능하다. 폴리포니야 소설의 작가는 따라서 적극적으로 타인의 의식을 수용하기 위해 자신의 의식을 적극적으로 확장하고 주인공과의 대화에 나서지 않을 수 없는 것이다. 그러나 작가의 의식이 주인공의 의식을 객체화하고 물질화해버리는 것은 독백소설이다. 폴리포니야 소설의 적극적인 작가의식은 주인공과의 동등한 독립적 권리를 가지고 적극적으로 대화에 나서는 의식으로 작품의 도처에 지속적으로 드러나는 것이다. 바흐친은 바로 이런 점에서 폴리포니야 소설은 당연하게도 작가의식이 모든 것을 지배하고 수렴하는 독백적 소설의 독단주의를 거부할 뿐만 아니라 논쟁과 대화가 불필요하게 고립적으로 작가와 주인공이 존재한다고 상정하는 상대주의적 관점과도 무관하다는 점을 분명히 말하고 있다.

도스토예프스키 소설의 대화적 적극성, 즉 폴리포니야 소설의 작가와 주인공의 대화적 적극성은 독자의 의식의 적극적 개입과 확장을 요청한다. 즉 독자는 폴리포니야 소설에서 완결되거나 최종화된 인물 유형이나 성격을 제공받지 못함으로써 인물과 상황에 대해 일방적으로 수용하거나 비판할 수 있는 관점을 작품으로부터(혹은 작가로부터) 제공받지 못한다. 폴리포니야 소설의 독자는 주인공의 자의식과 작가의 지속적인 대화의 과정에 참여하면서 자신의 자의식의 적극적 확장을 통해 최종화되지 못한 인간의 심연 속을 대화적으로 통찰해볼 기회를 얻는 것이다. 바로 이런 점에서 앞에서 말했던 작가—작품—독자의 삼각틀의 새로운 관계가 형성되어진다.


## 도스토예프스키의 이념

바흐친에 따르면 도스토예프스키의 주인공은 작가 의식의

부산물이 아니라 작가와 적극적으로 대화에 나설 수 있는 독립적인 인물이다. 그 누구에 의해 최종화될 수 없는 주인공의 자의식은 오직 자신의 말을 통해서 스스로를 드러낸다. 이러한 주인공은 그러나 다른 또 하나의 중요한 측면을 가지고 있다. 즉 "그는 자기 자신과 근접 주변에 대해서 말을 하는 자일뿐만 아니라 세계에 대해서 말을 하는 자, 다시 말해 인식하는 자일뿐만 아니라 하나의 이데올로그인 것이다."(115) 즉 도스토예프스키의 주인공들은 모두가 자신과 세계에 대한 일정한 이념을 항상 자신의 개성화된 자의식 속에 생성해가고 있다.

바흐친은 주인공이 그 무엇으로도 환원되지 않는 자의식을 가지고 있으며 그 자의식 속에는 자기 자신과 세계에 대한 주인공의 태도, 즉 이념이 살아 숨 쉬고 있음에 주목한다. 바로 이 이념은 자의식과 마찬가지로 주인공의 말을 통해 드러난다. 그리하여 이념에 대한 말은 자의식에 대한 말과 불가분하게 융합됨으로써 주인공 개인의 삶을 개인의 이해를 넘어 보다 보편적이고 이념적인 사고와 결합되게 만드는 것이다.

자기 자신에 대한 주인공의 말과 세계에 대한 그의 이념적 말이 그렇게 융합되어 있기 때문에 자기 자신이 말하는 것이 가장 일차적으로 더욱 중요한 의미를 더욱 갖게 된다. 그렇기 때문에 주인공은 그 어떤 외적 최종화에 대해 내적으로 강하게 저항하는 것이다. 이념은 도스토예프스키의 예술세계 속에서 자의식의 자립성이 가능하도록 만들고 견고하고 집요한 모든 중립적 형상을 이겨가도록 도와준다.(116)

　이렇게 바흐친은 주인공의 자의식이 작가로부터 독립적일 수 있다고 말함으로써 새로운 소설 시학적 관계를 전제한 후 주인공의 독립적 의식이 지니고 있는 내용이랄 수 있는 그 이념성의 문제로 넘어간다. 독립적 의식을 가진 인간이기만 해서는 되는 것이 아니라 그 의식이 세계와 자신에 대해 어떤 이념을 가지고 있느냐가 중요한 것이다. 역시 여기에서도 독백적 이념과의 비교는 필수적이다.

　독백적 소설에서 작가는 자신의 이념을 작품 곳곳에, 주인공의 성격과 사건, 상황 등에 적절하게 분산 배치함으로써 자신의 이념이 구조적으로 통일성 있게 작품에 구현되도록 만든다. 이런 주인공에게 이념이란 기껏해야 작가에 의해 그에게 배분된 역할과 성격을 벗어나지 않는 정도에서 주어진다. 따라서 독백적 소설의 주인공이 비록 자신의 입으로 이념을 말한다하더라도 그것은 그 자신의 진실한 것이 아니다. 그는 그저 그 이념의 단순한 담지자가 될 뿐이고 모든 이념은 비개성적인 것으로 그 체계성과 주체성은 독백적인 작가 자신의 것으로 수렴될 뿐이다.

　독백적 이념은 오직 자신의 이념만을 객관적이고 통일적인 것으로 상정하고 작품의 모든 요소들에서 그것을 실현하고자한다. 따라서 작품에는 오직 하나의 긍정적인 이념만이 존재하고 여타의 이념들은 그 이념과의 관계 속에 위계화 된다. 작가가 옳지 않다고 생각하여 그의 세계관에 편입되지 못한 다른 사상이나 이념은 단순하게 그 특징이 설명되거나 주인공들의 일정한 지적 제스처나 편견 정도로 축소될 뿐이다. "독백적 세계 속에서 제3의 것은 주어지지 않는다."(117) 바흐친이 말하는 이 독백적 이념은 서구 근대사상의 일원론적 원리, 즉 존재의 단일성을 전제로 구축된 이념체계를 지칭한다고 말해도 틀리지 않다. 바흐친의 논리는 단일한 진리로부터 그 진리를 반영하는 단일한 의식이 전제되고, 그런 전제 하에 '절대 정신', '보편정신' 등과 같은 통일적인 하나의 의식이 태어나는 근대 이념의 원리를 비판하고 있는 것이다.

바흐친은 절대 정신의 존재 여부에 대해 본격적으로 문제를 제기하지는 않는다. 다만 만일 절대 정신이 존재한다 하더라도, 그것이 설령 신의 존재와도 같은 것이라 하더라도, 그것을 반영하는 의식은 하나가 아니라 복수라는 점을 강조한다. 만일 단일한 진리의 개념이 존재한다 하더라도 거기에서 필연적으로 하나의 단일한 의식이 나오지 않는다는 것이다. 이렇게 보면 바흐친은 단일한 진리의 세계는 인정하면서 그것을 반영하는 형식, 즉 의식의 복수성에 대해서만 문제 삼고 있는 것처럼 보인다. 그러나 바흐친은 진리는 원칙적으로 단 하나의 의식세계 속에 수용될 수 없다고 말한 뒤 곧바로 "그 진리가 본질적으로 사건적(событийный)이며 서로 다른 여러 의식들의 접촉 지점에서 태어난다고 가정하거나 생각하는 것은 전적으로 가능하다"(119)라고 조심스럽게 단언한다. 먼저 단일한 진리와 의식의 복수성을 이야기하고 의식의 복수성의 접촉에 의해 진리가 태어난다고 말하는 것은 분명 모순적으로 들린다. 진리가 객관적으로 존재한다는 것과 의식들의 접촉에 의해 태어난다는 것은 전혀 다른 의미를 지니기 때문이다. 바흐친은 의식의 복수성을 설명하기 위해 잠정적으로 단일한 진리를 상정했다가, 의식의 복수성에 의해 진리가 태어나고 구성된다고 다시 뒤집어 버림으로써 단일 진리의 존재 가능성을 전혀 염두에 두지 않는 태도를 취한다. 애초부터 바흐친은 단일 의식뿐만 아니라 단일 진리의 존재 자체를 인정하고 싶지 않았던 것이다. 그렇다고 여기서 바흐친의 상대주의적 태도가 나온다고 비판하는 것은 너무 이르다. 사실 바흐친은 만일 단일 진리가 있다하더라도 결코 지상에 존재하는, 혹은 주장되는 그런 것과는 전혀 차원이 다른 문제라고 생각하고 있다. 독백적 형식은 있을 수 있는 모든 형식의 하나이며 의식이 존재 위에 섬으로써, 그리고 존재의 통일성이 의식의 통일성으로 전환됨으로써 탄생하는 것이다. 만일 그렇다면 다른 여러 의식들은 존재의 아래에 놓여 있는 것이며 그 의식들의 접촉과 충돌에 의해 우연적으로, 사건적으로 존재를 구성하는 것이 된다. 바흐친은 여기서 존재 자체의 단일성에 대한 논란으로 나아가지는 않는다. 다만 '복수의 의식들의 접촉에 의해 발견되고 창조되는 존재'라는 해석이 가능하도록 논지를 구성하고 있다. 결국 바흐친은 주어진 단일한 진리 자체를 부정하면서, 의식들로부터 부단히 창조되어지는 무한한 과정으로서의 진리를 상정하고, 그 진리로 나아가는 의식들의 무한한 과정에 주목하고 있다. 이것은 주인공, 인간 속의 인간을 파악하기 위해서는 대화적으로 접근해야만 한다는 앞서의 주장과 일맥상통한다.

확실히 바흐친은 도스토예프스키 소설을 통해서 인간에 대한 근대적 이해 방식에 대한 비판으로 나아가고 있다. 다만 그런 비판을 체계적인 이론으로 전개하기보다 소설이라는 작품 세계에 대한 분석과 고찰로 대신하고 있을 뿐이다. 그러나 현실 비판과 사상 비판이라는 과제를 완전히 비켜가고 있는 것만은 아니다.

독백적으로 의식을 지각하는 방법은 이념 창조의 다른 영역에서도 지배적이다. 의미 있고 가치 있는 모든 것은 어디에서든지 하나의 중심―보유자―에 집중되어 있다. 모든 이념 창조는 하나의 의식, 하나의 정신의 표현이라고 사고되고 지각된다. 창조력의 집합, 창조력의 다양성이 문제인 곳에서조차 여전히 민족정신, 역사정신 등과 같은 하나의 의식으로 단일성이 제시되고 있는 것이다. 여기서

는 의미 있는 모든 것이 하나의 의식 속에 모아져 단일화
된 액센트에 예속된다. 이러한 예속에 포함되지 않는 것
은 우연하고도 비본질적인 것이다. 근대에 와서 독백적
원칙을 강화시키고 그것을 이념 생활의 모든 영역에 침투
시키게 하는 일을 조장한 것은 단일화된 유일한 이성을
숭배하는 유럽의 합리주의와 특히 유럽 산문예술의 기본
적인 장르형식을 형성했던 계몽주의의 시대정신이었다.
모든 유럽의 유토피아 정신도 이러한 독백적 원칙에 근거
하고 있다. 바로 신념의 전능성을 믿었던 유토피아적(공상
적) 사회주의가 바로 그러하다. 어디에서든지 한 가지 의
식과 한 가지 시점이 모든 의식을 통합하는 대표적인 것
으로 되었던 것이다.

　　이념적 삶의 모든 영역에서 한 가지 의식이면 된다는
자기만족에 대한 이러한 믿음은 어떤 특별한 사상가에 의
해 창조된 이론이 아니다. 그렇다, 이것은 외면적 내면적
인 모든 형식을 결정하여 주는, 근대 이념 창조의 깊숙한
구조적 특징이다.(120-121)


　　독백주의를 근대 계몽주의적 이성의 소산이자 근대사상의
구조적 특징으로 규정하는 이와 같은 논리에서 우리는 근대의
자기동일성을 비판하는 프랑크푸르트 학파의 논리와 상통하는
지점을 발견할 수 있을 뿐만 아니라 전체주의로 변질되어가는
당대 소련 사회에 대한 일정한 비판도 충분히 읽어낼 수 있다.

그러나 바흐친은 이러한 비판을 체계적인 철학적 논리로 발전시키는 데 매달리기보다 도스토예프스키 소설 분석으로서 자신의 사고 모델을 제시한다.

바흐친은 도스토예프스키가 타인의 이념을 묘사할 줄 알았으며 그것의 완전한 의미를 보장하고 있다고 말한다. 작가가 주인공과 일정한 거리를 유지하면서 주인공의 이념을 긍정하지도 않을 뿐만 아니라 작가 자신의 이념과 융합시키지도 않는다는 것이다.

바흐친은 도스토예프스키가 이념의 예술가로서 이념을 묘사하는 방법론적 원칙을 크게 두 가지로 지적한다. 먼저 도스토예프스키는 이념의 형상을 그것을 보유한 인간의 형상과 불가분의 밀접한 관계 속에서 그려낸다. 그가 그린 주인공들은 성격이나 기질, 사회—심리적 유형으로 분류되지 않는다. 그와 같은 외면화된, 최종화된 인간의 형상들은 이념의 완전한 의미를 담아내지 못한다. 이념이란 단지 이해될 뿐만 아니라 심지어 느낄 수도 있는 것이어야 한다. 왜 그런가. 바흐친이 거듭 주목하는 것은 인간이란 사회적 전형과 같은 외적 조건에 의해 규정되는 자가 아니라는 점이다. 인간은 오직 살아있는 자신만의 자의식을 가진 개성적 존재이면서 세계에 대한 자신만의 과정적 이념을 가진 존재이다. 그의 세계에 대한 이념은 이미 형성된 기존의 외부적 이념이나 그 체계로서의 이데올로기를 단순하게 기계적으로 수용하는 것이 아니다. 예를 들어 어떤 주인공이 사회주의 이데올로기를 외부로부터 주입받아 자신의 이념으로 수용하는 경우, 그 이데올로기나 이념은 주인공의 개성적 자의식을 경유하여 그 자신만의 독특한 이념이 된다. 바흐친은 기계적으로 외부에서 형성된(그것이 설사 작가의 것이라 하더라도) 이념과 이데올로기는 결코 살아있는 자의식의 인간에게 완전한 의미의 이념이 될 수 없다고 말한다. 따라서 도스토예프스키의 주인공들은 철저하게 이념인(이데올로그)이다. 그야말로 '높은 것에 뜻을 두고 높은 것을 구하라'는 원대한 이념을 품고 사는 인물들로서 그들 모두가 '풀리지 않은 위대한 이념'을 가지고 있으며 무엇보다도 먼저 '이념의 문제'를 해결하기를 원하고 있다. 사적 이해관계에 종속되거나 매몰되지 않고 세계의 이념으로 고뇌하고 있는 것이다. 『죄와 벌』의 라스콜리니코프는 살인범이지만 결코 사적 이익을 위해 살인을 저지른 것이 아니다. 심지어 창녀 소녀도 돈이 아니라 인간적 이념에 충실하며 그것을 염려하며 살고 있다. 도스토예프스키가 바라보는 인간은 바로 이렇게 높고도 높은 이념을 실현하는 것을 삶의 가장 큰 목적으로 삼고 있다. 바로 그런 점이 그들을 가장 인간다운 인간 속의 인간, 살아있는 개성을 가진 인물로 만들어주는 것이다.

도스도예프스키의 작품에서 이념이 묘사되는 두 번째 방법론적 원칙은 이념이 대화적 본성을 가지고 있다는 것, 대화적 관계 속에서 이념이 태어나고 성장하여 살아간다는 것이다.

그의 소설에서 이념은 한 개인의 고립된 의식 속에서 '살고 있지 않다.' 그런 의식 속의 이념은 퇴화되고 죽어버릴 것이다.

> 이념은 타인의 이념들과 본질적인 대화적 관계를 맺으면서부터 그 삶을 살아가기 시작한다. 즉 이념이 형성되고 발전하기 시작하며 자신의 언어표현을 하고 그것을 갱신시키면서 새로운 이념들을 탄생시키는 것이다. 인간의 사고는 타인의 목소리에서, 즉 타인의 말로 표현된 의식에서 구현된 타인의 사고와 살아있는 접촉을 할 때만이 비로소 진정한 사고가, 다시 말해 이념이 되는 것이다. 이념은 바로 이렇게 목소리-의식들의 접촉 지점에서 태어나 그 삶을 살아간다.(129)

바흐친의 독특하고도 창조적인 사상이 분명하게 드러나는 대목이다. 주인공이 작가와 독립적인 의식을 가지고 살아있는 이념인으로 작품에 태어난다는 것은 그런대로 전통적인 문학론의 혁신을 도모하는 것으로 이해될 수 있는 것이라면, 이제 이념이 작품 자체의 서사적 진행 자체를 이끌어간다는 고찰은 그야말로 새로운 시학적 혁신이 아닐 수 없다. 아닌 게 아니라 바흐친은 작품의 주인공을 이제 하나의 목소리와 의식이라고 까지 말하고 그들이 '살아간다'고 표현하고 있지 않은가. 이념의 삶은 물론 그 혼자만의 삶이 아니며 그렇게는 존재 자체가 불가능하다. 이념은 항상 다른 이념과의 대화적 관계 속에서,

타인의 사고와 살아있는 접촉 속에서 태어나고 살아가는 것이다. 이념은 인간의 주관적이거나 심리적, 개인적 소산이 아니라 여러 의식들 사이의 대화적 교류로서 상호개인적, 상호주관적 본성을 가진다. 그리하여 이념은 여러 의식들이 대화적으로 만나는 '살아있는 사건'이라는 바흐친의 규정은 이제 충분히 이해가능하다.

여기서 우리는 아주 중요한 의문을 제기할 필요가 있다. 츠베탕 토도로프와 많은 바흐친 연구자들이 의당 제기할 수 있는 질문. "그러나 소설가로서 도스토예프스키는 하나의 인물로 구현되지 않는다 하더라도, 그래도 역시 궁극적 지평으로서 진리에 대한 신념을 유지"[16]하고 있지 않은가. 주인공이 아무리 독자적 의식과 독자적 이념을 가지고 있다 하더라도, 이념이 의식과 의식의 상호관계에서 하나의 삶을 살아간다고 해도 결국 그것은 그것을 창조하는 창조자로서의 작가의 것이 아니냐는 것이다. 바흐친이 도스토예프스키의 문학을 분석하면서 이념들의 다성악적 관계를 묘사하고 있다고 분석하는 것은 도스토예프스키에 대한 오해이지 정작 도스토예프스키는 자신의 이념적 통일성을 작품에서 유지하고 관철하고 있다는 것이 토도로프의 견해이다. 그리하여 토도로프는 도스토예프

---

[16] 츠베탕 토도로프, 「바흐친의 인간론 : 인간과 상호 인간」, 『바흐친과 문학이론』, 여홍상 엮음, 문학과 지성사, 123쪽.

스키와 마찬가지로 바흐친 역시 여전히 보다 높은 가치에의 공감과 초월의 문제가 존재한다고 말한다.[17]

바흐친은 이런 질문에 어떻게 대답할 수 있을까.

그는 도스토예프스키가 작가로서 새로운 이데올로기를 가지고 창작에 임한다고 말한다. 바흐친이 말하는 이데올로기란 허위의식으로서의 이데올로기가 아니라 이념들의 체계를 말한다. 즉 허위냐 진실이냐의 문제가 아니라 누구나 가지고 있는 이념들의 복합적인 상호관계, 세계를 보고 묘사하는 원칙으로서 이데올로기라는 용어를 도입하고 있다. 그리고 그 이데올로기는 작품을 형성해가는 기본 원리로서 작품의 모든 추상적 이념과 사고의 기능도 거기에 의존하는 것이다.

일반적으로 모든 이데올로기 속에서 어떤 개별적 사고는 대상세계와 체계적인 통일성을 유지하고자 한다. 그런 통일성 속에서 사고와 대상세계는 상호 유기적인 연관을 맺고 있고 그것이 그 이데올로기의 옳고 그름을 판별하는 기준이 된다. 여기서 누가 그 이데올로기를 지니고 그것을 대변하는가는 중요하지 않다. 그러나 도스토예프스키의 이데올로기는 개별적 사고나 체계적 단일성과 무관하다. 그에게 중요한 것은 대상세계에 대한 개별적 사고나 그에 대한 입장이 아니라 개성의 통합적인 관점, 통합적인 입장이다. 즉 대상의 의미는 개인의

---

[17] 위의 책, 129쪽.

개성적 입장과 끊임없이 융합되고 있는 것이다.

역설적으로 말해 도스토예프스키는 사고체계로써 사고하지 않고 여러 가지 시점, 의식, 목소리로써 사고한다. 그는 하나의 사고 속에 한 인간 전체가 표현되고 그의 목소리가 울려 퍼지도록, 그리하여 그의 세계관이 알파에서 오메가까지 응축된 형태로 완전히 드러나게끔 사고 하나 하나를 지각하고 형식화시키려고 노력하였다. 도스토예프스키는 온전한 정신적 지향(установка)을 함축하고 있는 사고만을 자신의 예술적 세계관의 요소로 받아들였다. 그것은 도스토예프스키에게 있어서 분할될 수 없는 단위이며, 그러한 단위들로부터는 더 이상 대상과 결합된 체계가 형성되지 않는다. 인간의 유기적인 지향과 목소리들의 구체적인 사건이 형성될 뿐이다. 도스토예프스키에게서 두 개의 사고는 이미 두 사람이나 마찬가지다. 왜냐하면 그 누구에게도 속하지 않는 사고가 없는데다가 각 사고는 한 인간의 전체를 나타내 주기 때문이다.(138)

다시 말해 도스토예프스키의 이데올로기는 기존의 이데올로기와 다른 '체계'를 가지고 있다. 대상세계와의 일치에 의해 구성되는 기존의 이데올로기와는 달리 인간의 개성화된 시점과 의식, 목소리로 사고되는 이데올로기인 것이다. 그렇다면 도스토예프스키는 작품을 구성하는 전혀 다른 원리를 가지고 있는 셈이다. 작품을 통일적으로 구성하는 원리가 구성적 이데올로기라면 도스토예프스키의 구성적 이데올로기는 기존의 이데올로기와 전혀 다른 것이다. 앞에서 토도로프가 작품을 창조하는 자로서 작가는 분명 주인공과 작품 세계보다 우위에 있는 비대칭성을 벗어날 수 없는 것 아니냐고 물었을 때 그가 말하는 작가는 일반적인 이데올로기의 소유자를 말하는 것이었다. 그러나 진정으로 비대칭성을 벗어나 주인공과 묘사된 세계, 특히 묘사된 이념 세계에 동등하게 참여할 수 있는 창조자-작가는 도스토예프스키와 같은 이데올로기를 가지고 있다면 불가능한 것이 아니다. 바흐친이 말하는 대등한 이념들의 다성악 개념은 바로 이런 전제에 입각하여 구축될 수 있다.

이념에 대한 이러한 접근 방법의 결과 도스토예프스키 앞에는 독백적 사고에 의해서 조명되고 질서화된 객체들의 세계가 아니라, 서로서로를 비추어주는 의식들의 세계, 의미를 담은 인간적 지향들이 서로 결합되어 있는 세계가 전개되고 있다. 그 가운데에서 그는 최고의 권위를 가지는 지향을 찾고 있는데 그것은 그 자신의 진실한 사고가 아니라 다른 진실한 인간과 그 인간의 말로서 받아들이고 있는 것이다. 그에게 이념적 탐구의 해결은 이상적 인간의 이미지나 그리스도의 이미지를 통해 이루어지고 있다. 이러한 이미지나 이러한 최상의 목소리는 목소리들의 세계를 영예롭게 해야 하며 거기에 질서를 부여해서 그것을 다스리지 않으면 안 된다. 다름 아닌 인간의 이미지와 그의 목소리 — 작가에게 이질적인 타인의 목소리 — 는 도스토예프스키에게 최후의 예술적 가치기준이 되고 있다. 그것은 자신의 신념에 대한 충실성이라든가 추상적으로 취한 신념 자체의 충실성이 아니라 인간의 권위적 이미지에 대한 충실성이다.(144-145)

바흐친의 위와 같은 진술에서 우리는 도스토예프스키뿐만 아니라 바흐친 자신도 이념들의 다성악을 상대주의적 관점에서 바라보고 있다는 비판을 넘어서고자 한다는 사실을 확인할 수 있다. 서로를 비추어주는 의식들의 세계만이 무한히 존재한다면 당연히 그 의식들의 무한한 상대성 속에서 어떻게 헤어날 수 있겠는가. 바흐친의 독백론과 대화론에 대한 가장 일반적이면서 가장 피상적인 비판은 바로 여기에 있다. 아무리 작가가 다성악적 세계관(이데올로기)을 가지고 다성악적 소설세계를 창조한다 하더라도 그것은 결국 작가의 세계관의 보다 정교한 배분에 지나지 않느냐. 혹은 작가와 독립적인 주인공들의 의식의 세계, 목소리의 다성악적 세계가 작가의 특별한 능력에 의해 가능해진다 하더라도 그 세계들의 궁극적 가치는 무엇이란 말인가. 어떤 가치의 중심이 없다면 작품은 상대주의적 이념들의 무한한 놀이에 불과하단 말인가. 사실 도스토예프스키 자신 역시 보다 높은 가치를 위한 예술 창작에 의미를 두고 있지 않은가. 이런 잠재적인 비판에 대해 바흐친은 '그리스도의 형상'이라는 개념을 도입함으로써 대응한다. 최상의 목소리, 최상의 이념의 세계를 본질적으로 부인하고 있지 않은 것이다. 그 최상의 목소리와 최상의 이념이 무엇인지, 종교적 이상으로서 기독교의 도덕과 윤리를 말하는 것인지, 아니면 인간의 인간다움인지 바흐친은 물론 명확하게 정의하지는 않는다. 다만 도스토예프스키의 폴리포니야 세계가 다양한 목소리들의 세계일 뿐만 아니라 최상의 목소리에 의해 조명되고 질서 부여되는 것이라는 점을 밝히고 있을 뿐이다. 이런 점에서 "다양한 의식의 대립이 있을 뿐이며 이런 다양한 의식은 결코 발전적인 영혼의 통일 속에 병합되지 않는다. 각각의 의식은 각자의 개별성과 독립성을 유지한 채 다른 의식과 나란히 병존한다. 마찬가지로 작가의 의식 역시 소설의 범위 안에서 발전하거나 진화하지 않고 작품 속에서 일종의 방관자와 같은 역할을 하거나 아니면 어느 한 행동이나 사건에 참여하는 인물이 된다."[18]는 설명은 분명 정확하지 않거나 바흐친의 논리를 충분히 반영하지 못한 피상적인 비판이 아닐 수 없다.

독백적 세계의 독백적 이념들이 인간의 목소리를 경유하지 아니하고 인간을 외부적으로 규정함으로써 인간을 특정한 '최고 이념', '최고의 목소리'로 이끌어가고 그 도구로 삼는다면,

---

[18] 김욱동, 『대화적 상상력—바흐친의 문학이론』, 문학과 지성사, 1988, 179쪽.

반면에 대화적 관계 속에 있는 최고의 이념과 목소리는 외부에 단순히 존재하는 것이 아니라 의식들과 목소리의 지속적인 상호관계 속에서 태어나고 발전하는 결과로서 아래로부터 구성된 이념의 세계로서 탄생되는 것이라는 바흐친의 규정은 무한한 상대주의의 논리로부터, 단순한 방관자의 논리로부터 일정하게 거리를 두고 있다. 물론 토도로프가 말하듯이 그것이 바흐친의 숨겨진 종교성의 영향인지,[19] 혹은 현대의 다원적 세계에서 절대적 본질이라는 독백적 질서를 부정하고 새로운 가치의 창조로 나아가기 위한 실천의 논리인지에 대해서는 여기서 문제가 확연히 정리되지는 않는다. 최상의 목소리의 존재를 설정하는 것 자체가 여전히 독백적 세계의 존재를 설정하는 것과 본질적으로 어떤 차이를 가지는 것이냐에 대한 보다 구체적인 해명으로 나아가야 하기 때문이다. 그리고 바흐친의 구상대로 의식들의 개성화된 목소리, 이념들의 대화 속에서 진정 최고의 이념, 최고의 목소리, 보편적 가치의 지향이 과연 실현가능한 것인가에 대한 걱정도 여전히 남아 있다. 이런 의문과 걱정은 폴리포니야 소설의 장르와 플롯에 대한 보다 거시적인 문제에 접근함으로써 좀 더 구체적인 윤곽을 그려낼 수 있을 것이다. 그것은 바흐친의 말대로 "통시적 분석을 통해 공시적 분석의 결과를 확인하는 것이다. 물론 두 분석은 서로

---

[19] 츠베탕 토도로프, 앞의 논문, 126-127쪽.

서로 검토하며 서로를 확인하여 줄 것"(260)이다.


## 폴리포니야 소설의 장르 전통


　앞에서 우리는 작가와 주인공의 관계, 그리고 주인공들의 의식의 세계와 결합된 이념의 세계에 대한 바흐친의 이론적 성찰을 살펴보았다. 폴리포니야 소설의 이념적 다성악의 종합으로서 최고 이념의 문제, 즉 바흐친이 그토록 부정적으로 배격하고자 했던 작품의 총체성 문제에 대해서도 언급한 바 있다. 이 마지막 문제, 다시 말해, '그렇다면 도스토예프스키는 왜 폴리포니야 소설을 쓰는가', 혹은 '폴리포니야 소설의 다성악의 가치는 무엇인가'라는 질문, 어쩌면 이 질문은 바흐친이 역시 그토록 배격하는 독백적 질문으로 여겨질지 모른다. 그러나 그렇다 하더라도 바흐친의 사상을 오해 없이, 보다 생산적으로 이해하고 실천적으로 수용하기 위해서는 이 질문을 피해갈 수 없다. 설마 바흐친이 자신의 학문적 논리 자체를 서로 다른 관점에서 모순적으로 전개하는 것을 목적으로 삼고 있는 것은 아니지 않겠는가.

　다성악 소설, 즉 폴리포니야 소설을 하나의 장르로 설정하면서 바흐친은 도스토예프스키 소설이 다양한 역사적 전통을 수렴하고 있고 특히 그중에서노 고대의 진지한 희극 장르로부터 산파술로 알려진 소크라테스식 대화, 메니푸스 풍자, 모험소설 등의 전통을 적극적으로 계승하고 있다고 본다. 그러한 전통은 모두 고대로부터 이어진 문학의 카니발화의 과정이며 도스토예프스키의 폴리포니야 소설은 문학의 카니발화의 정점에서 새롭게 태어난 장르라는 것이 바흐친의 견해이다. 한마디로 소설, 즉 근대 소설의 새로운 장르로서 폴리포니야 소설은 고급문학으로서의 서사시 전통이 아니라 부단히 고급문화와 지배문화의 전통에 도전해온 민중문화의 전통에 그 뿌리를 두고 있다는 것이다. 그것은 앞서 서사시와 소설, 민속적 크로노토프, 카니발의 민중성에 대해 설명한 논리와 그 맥을 같이 한다.

먼저 바흐친은 이념소설로서 최종화되지 않은 주인공들의 의식세계를 담고 있는 도스토예프스키 소설에서 전통적인 소설의 구성방식, 다시 말해 플롯의 개념과 역할이 전적으로 새롭다는 점을 강조한다. 기존의 소설 플롯에서 주인공의 명백한 사회적 특성과 성격 등은 그들 삶의 이야기, 즉 그를 둘러싼 객관적 세계 속에 구체화되어야 하고 서로 내적으로나 외적으로 철저하게 통일되어야 한다. 그와 동시대의 투르게네프나 곤차로프, 톨스토이가 지향하는 바가 바로 그것이다. 그러나 그러한 방식으로는 '목소리'들의 세계, 이념의 세계를 묘사할 수 없고 그들의 사건적인 삶을 드러낼 수가 없다. 인과성과 개연성을 근거로 하는 전통적인 이야기 구조에서는 인간의 의식의 다양한 변화 양상과 이념의 상호주체적 작용 양상은 그저 파편적이고 우연적인 것으로 다루어질 뿐이다. 여기서 인간의 살아있는 의식 그 자체(최종화되지 않은)와 이념의 생성과정은 결코 그려지지 못한다. 도스토예프스키는 주로 모험소설 플롯을 즐겨 차용하는데 그것은 모험소설에서 주인공들이 참여하고 있는 여러 관계와 사건의 성격이 주인공 자신의 사회적 지위나 사고와 필연적으로 연관되어 있지 않아도 되기 때문이다. 모험소설의 주인공이 성격, 유형, 기질의 확고한 이미지를 가지고 있다면 모험소설의 흥미진진한 전개에 오히려 방해가 되고 모험적 가능성을 제약할 뿐이다. "모험의 주인공에게는 모든 일이 벌어질 수 있으며, 그는 무엇이든지 다 될 수가 있다. 그도 역시 실체가 아니라 모험과 편력의 순수한 기능이다. 도스토예프스키의 주인공과 마찬가지로 모험소설의 주인공도 최종화되어 있지 않고 자신의 형상에 의해 미리 앞을 내다볼 수 없게끔 되어 있다."(152)

모험소설 속의 인간은 기존의 사회적 관습과 가치에 도전하고 그와 충돌하는 흥미진진한 상황을 연출한다. 총을 쏘고 범죄를 저지르고 적과 싸우고 도망치고 기상천외한 방법으로 난관을 돌파한다는 이야기가 모험소설의 기본적인 플롯인 것이다. 그러나 이런 모험 소설은 도스토예프스키에게 하나의 형식적 장치일 뿐이다. 도스토예프스키는 모험 소설의 이러한 장르적 유리함을 활용하되 새로운 이념적 문제를 부여함으로써 모험 소설 장르와는 전혀 다른 날카로운 문제적 상황을 창출한다.

도스토예프스키는 단지 모험소설의 플롯을 통해 주인공들을 언제나 새로운 상황으로(예기치 않게), 새로운 인물들과 만나고 충돌하게 만들 수 있다는 점 때문에 모험소설의 플롯을 즐겨 차용하고 있다. 고대와 중세의 모험 소설은 인습적 세계로부터의 탈출과 인간의 육체와 육체화된 정신을 그려낸다는 점에서 소설 형식과 소설적 세계관의 성숙에 분명 작지 않은 기여를 했다. 그러나 19세기에 통속적인 모험소설류는 이미 그 역사적 의의를 상실한 채 단순한 흥미 위주의 대중적 형식으로 변질된다. 도스토예프스키는 바로 이 형식, 잊혀진 타락한 형식을 새롭게 발굴하여 모험소설과는 거리가 먼 참회와 이념, 종교적 설교 등과 같은 내용을 결합시킴으로써 기존의 소설 장르 미학을 파괴해 나간다.

폴리포니야 소설 장르의 탄생과 관련하여 모험소설 장르와 더불어 바흐친이 또 하나 매우 중요하게 여기는 것은 고대에 형성된 진지한 희극 장르와 소크라테스식 대화와 메니푸스 풍자 장르의 영향이다. 그리고 이런 고대의 장르는 모두 카니발적 뿌리를 가지고 있다. 따라서 소설 장르는 세 개의 기본적인 뿌리를 가지고 있는 셈이다. 서사적 뿌리와 수사적 뿌리, 카니발적 뿌리가 바로 그것이다. 그 중에서도 바흐친은 카니발적 뿌리를 폴리포니야 소설의 가장 유력한 뿌리로 고찰하고 있는 것이다.

진지한 희극 장르란 고대 후기와 헬레니즘 시대에 진지한 장르들인 서사시와 비극, 역사, 고전적 수사 등에 대립되는 다양한 장르를 포괄적으로 가리킨다. 이런 장르는 외견상 서로 다른 특징들을 가지고 있지만 모두 카니발적 민간 설화와 깊은 관련을 맺고 있다. 카니발적 세계관과 그 유쾌한 상대성의 분위기 속에서 이런 장르들은 인간과 사회에 대한 '진지하고 합리적이며 독단적인 해석'을 해체하고 있다. 여러 가지 형태의 카니발적 민간 설화(고대와 중세의)의 영향을 직접적이거나 간접적으로 수용하는 것을 바흐친은 '문학의 카니발화'라고 부르는데 진지한 희극 장르가 바로 그 첫 번째 예다. 이 장르는 무엇보다 현실과 새로운 관계를 맺고 있다. 서사시와 비극에서 절대적 거리 속에서 그려지던 대상들을 살아있는 현재의 관점에서, 직접적이고 친숙한 접촉의 관점에서 그려내고 있는 것이다. 이 장르는 신화와 전설에 대해 매우 비판적이고 냉소적이며 폭로적인 태도를 취한다. 그리고 그것을 살아있는 현재 인간의 관점에서 생각하고 경험하는 것으로, 그리고 허구적으로 자유롭게 재구성하고자 한다. 당연하게도 이런 자세는 다양한 관점의 대립과 다양한 언어적 표현에 개방적이다. 산문과 운문의 결합, 방언과 은어의 활발한 구사, 기존에 존재하는 권위적이고 위계적인 언어에 대한 조롱과 패러디, 다른 말에 대한 반응과 묘사 등과 같은 이 장르의 특징은 고급 장르들과 본질적인 차이를 보여준다.

바흐친은 이러한 진지한 희극 장르가 소크라테스식 대화와 메니푸스 풍자라는 두 개의 장르를 거치면서 소설 발전에 결정적인 변화를 야기한다고 고찰한다.

소크라테스식 대화는 소크라테스가 행한 실질적 대화에 대한 회상기, 짧막한 이야기로 구성된 일종의 회고록 장르라고 말할 수 있다. 바흐친이 이 장르에 주목하는 것은 이 장르가 무엇보다 진리의 대화적 본성을 강조하고 있기 때문이다. 진리란 어느 한 사람의 머리에서 탄생하는 것이 아니라 그것을 탐구하는 사람들 사이에서, 대화적 교류 속에서 탄생한다는 것이 이 장르의 기본적인 입장이다. 소크라테스는 자신이 진리의 탄생을 도와주는 산파일 뿐 진리를 알고 있고 그것을 전파하는 유일한 사람이라고는 생각하지 않았다. 바로 이런 사고 방법과 대화성을 바흐친은 민중적 카니발적 전통과의 관계 속에서 해명한다. 물론 소크라테스식 대화 장르가 변질되어 특정한 철학 유파나 종교와 결합되어 카니발적 세계관과 절연하고 반박 불가능한 진리를 서술하는 독백적 형식의 교리문답으로 전락한 경우는 예외이다.

소크라테스식 대화의 또 다른 중요한 특징은 어떤 대상에 대한 다양한 관점을 대비하거나 대화 상대자의 말을 촉발시켜서 스스로 자신의 의견을 말하도록 하는 두 가지 기법에 있다. 이러한 기법을 통해 여러 이념들이 대화적 관계를 맺고 사람들 사이의 대화적 교류가 가능해진다. 그리하여 소크라테스식 대화는 사건과 사건의 전개가 아니라 이념적 진리의 실험과 탐구이고 대화에 참여하는 인물들은 모두 이념의 문제에 관여하고 이념에 민감한 이념가들이다. 이들은 특히 죽음과 같은 극단의 경계에서 기존의 상황과 새로운 상황 사이에서 무언가를 모색하기 위해 말을 하고 다른 사람의 말에 귀 기울인다. 이른바 '문턱에 서 있는 존재의 대화'인 것이다. 이런 상황은 주인공들로 하여금 삶의 무의식성과 객체성을 극복하고 스스로 살아있는 개성과 이념의 심층을 들여다보고 모색하게 만든다. 따라서 소크라테스식 대화에서는 이념이 인물의 형상과 유기적으로 결합하기 마련이다. 이념 자체가 인물 형상의 본질이 되고 대화화된 이념들 각자가 대화적 관계 속에서 자유롭게 발전되고 전개되어 가는 것이다. 이와 같은 소크라테스식 대화의 특징들은 앞서 도스토예프스키 폴리포니야 소설의 이념의 형상과 매우 유사하지만 이념들이 주인공에게 구체화되고 구체화된 이념인들이 다성악적 상호관계를 구축하는 점에 있어서는 아직 아주 미흡한 상태이다.

소크라테스식 대화의 형식과 이념적 특성은 메니푸스 풍자 장르를 거치면서 보다 적극적으로 문학의 카니발화의 전통을 형성한다. 메니푸스 풍자는 기원전 3세기의 철학자, 가다라 출신의 메니푸스(Menippus)라는 인물에게서 유래한 것으로 기원전 1세기 로마의 바로(Varro)가 자신의 풍자적 단편 작품들을 메니푸스 풍자로 부름으로써 처음 사용되었다. 그러나 이와 같은 풍자적 저작물들은 이미 오래전부터, 소크라테스식 대화 장르들과 더불어 많이 창작되고 있었다. 메니푸스 자신이 이런 장르를 명확하게 정착시키는 데 기여했고 세네카의『승천(昇天)』(Apocoleyntosis)도 이 장르의 고전급 저작이다. 페트로니우스(Petronius)의『사티리콘』(Satyricon)은 메니푸스 풍자를 소설의 영역에까지 확장시킨 작품이다. 이후 훨씬 발전된 메니푸스 풍자 작품들로는 루키아누스(Lucian)의『메니푸스 풍자』, 아풀레이우스(Apuleius)의『황금 당나귀』(Metamorphoses) 등을 꼽을 수 있다.

바흐친은 이 메니푸스 풍자 장르가 고대 기독교 문학과 비잔틴 문학, 그리고 중세와 르네상스, 종교 개혁기, 그리고 근대에 이르러서도 매우 다양하고 변화무쌍하게 유럽 문학 발전에 영향을 미치고 있다고 평가한다. 분명하게 장르적 인식을 가지고 있든 그렇지 않든 이 장르의 카니발적 세계관이 다양한 장르들로 수렴되고 변형되며 특히 폴리포니야 소설의 장르적 형성에도 결정적인 영향을 미친다는 것이다. 바흐친은 이 장르를 메니페아라고 부르며 그 특징을 다음과 같이 요약한다.

1. 메니페아는 소크라테스식 대화와 비교하여 웃음의 요소가 훨씬 더 강하게 나타난다.
2. 역사나 신화, 전설과 같은 현실적 제약에서 벗어나

지극히 자유로운 철학적 상상력과 환상적 구성력을 과시한다.

3. 순수히 이념적 철학적 목적에 의해 환상적이고 모험적인 플롯을 즐겨 사용한다. 여기서는 진리의 체현이 중요한 것이 아니라 이념의 탐구와 실험 그 자체가 중요하다.

4. 환상적 상징적 요소, 신비주의적 종교적 요소가 세계의 저급한 공간에 대한 자연주의적 묘사와 결합한다. 철학적 대화, 깊은 상징성, 모험적 환상이 백주대낮의 대로상이나 사창가, 도둑의 소굴, 선술집, 장터, 감옥 등에서 전개되곤 하는 것이다.

5. 한 인간의 전부와 그의 모든 인생이 다 들어 있는 결정적인 말과 행위와 관련된 철학적 보편주의와 극한의 세계관이 다루어진다. 소크라테스식 대화의 학구적 태도에서 윤리이고 실천적인 '최후의 질문들'만이 '찬성과 반대'의 날카로운 대비 속에 제기된다.

6. 철학적 보편성의 문제를 다루기 위해 삼면적 구성, 즉 지상과 올림푸스, 그리고 지하 세계의 차원으로 옮겨가면서 그 경계에서의 대화가 중요한 역할을 수행한다.

7. 현실을 새롭게 조명하고 관찰하기 위해 실험적인 환상적 관점이 자주 사용된다.

8. 도덕적 심리적 실험행위가 최초로 도입되었다. 정신착란, 광기, 이중성, 백일몽, 자살 등과 같이 인간의

완결성과 통일성을 파괴하는 상황에서 자신과의 대
화를 시도하는 경우가 많다. 물론 이 경우에도 웃음
의 요소는 빠지지 않는다.

9. 제도화된 사회적 인습과 예절 등을 위반하는 기괴
한 행동과 발언, 냉소와 신성모독, 의례에 어긋나는
'적절치 않은 말솜씨'가 동원된다.

10. 덕행 있는 창녀, 노예가 된 현자나 왕, 타락과 정화,
사치와 빈궁, 고상한 도둑 등과 같은 극단적인 대비
와 모순적 결합을 좋아한다.

11. 낯선 나라로의 여행이나 꿈의 형식으로 사회적 유
토피아가 자주 등장한다.

12. 짧은 소설이나 편지, 웅변, 토론회 등 여러 장르들
이 혼합되거나 패러디된다.

13. 삽입 장르들은 다문체성과 다음조성을 강화시켜 준
다.

14. 당대의 현실적 이념적 문제에 시사적으로 대응한다.
(169-176 요약)


위와 같은 특징을 보면 곧바로 도스토예프스키 소설들이 갖
는 형식적 특징들이 어디에서 유래하고 있는지 쉽게 연상이
될 것이다. 그러나 물론 도스토예프스키가 이런 메니페아를
그대로 답습하고 있는 것은 아니다. 이 장르들이 가진 가능성
은 도스토예프스키에게서 새롭게 발현되고 있다. 바흐친은 이

런 점에서 도스토예프스키와 비교해보면 고대의 메니페아들은 철학적 사회적 문제의식과 예술적 질에서 원시적이고 빛바랜 느낌을 준다고 말한다. 그러나 도스토예프스키의 폴리포니야 소설 장르의 특성들을 바로 이런 메니페아의 전통 속에서 보다 깊게 이해할 수 있는 것도 분명한 사실이다.

바흐친은 폴리포니야 소설 장르를 해명하기 위해 이렇게 고대로부터 소설 발전의 전통을 새롭게 정리하고 다시 그 모든 전통들을 카니발 정신으로 재해석한다. 진지한 희극과 소크라테스식 대화, 메니푸스 풍자 등의 기본 정신을 바로 카니발적 세계관의 침투로 규정한다. 바흐친은 소크라테스식 대화에서 대화에 참가한 사람들 간의 거리감이 사라지는 카니발적인 스스럼없음에 주목하고 아무리 고귀한 사상조차 사람들에게 매우 친숙한 대상이 되고 있음에 주목한다. 소크라테스가 대화의 끝에 도달하여 제시하는 일종의 아이러니 역시 약화된 카니발적 웃음의 한 종류이다. 소크라테스 자신의 이미지 역시 모순적이고 이중적인, 즉 아름다움과 추함이 결합된 성격을 띠고 있다. 자신을 뚜쟁이나 산파로 비유하고 있는 것도 카니발적 비속화의 정신과 일맥상통하는 것이다. 아내 크산트라와의 관계도 카니발적 전설, 즉 영웅을 지상으로 끌어내려 우리와 가깝고 친숙하게 만드는 카니발적 전설의 유형을 떠올리게 한다.

메니페아에 자주 등장하는 올림푸스, 지옥, 지상이라는 세

공간 역시 매우 카니발적이다. 신들의 광장인 올림푸스가 인간적인 스캔들로 뒤덮이고 그로테스크하게 묘사되며 대관과 박탈이 이루어지는 매우 인간화된 자유분방한 공간이 된다. 지상의 각계각층의 대표자들이 지옥에서 완전히 그 관계가 역전되는 모습 역시 카니발적이다. 왕관을 썼던 자들이 모두 폐위되고 황제와 노예, 부자와 거지 등이 모두 동등한 지위로 격의 없이 만나는 것이다. 지상의 공간은 또 어떠한가. 지상의 뒷골목이라는 공간 자체가 이미 공식적인 가치관과 시선을 전복하는 것이며 인물들의 거침없는 상호접촉과 신분의 역전, 인물의 가장과 극적인 변모 등도 카니발적 세계관으로부터 비롯되는 것임이 분명하다.

이러한 카니발화는 메니페아의 철학적 핵심에도 깊숙이 스며들어 있다. 메니페아에서 보편적 철학의 문제, 이를테면 삶과 죽음이라는 궁극적 문제가 본질적으로 다루어지지만 문제는 여기서 종교적 교조적 해결을 지향하는 것이 아니라는 점이다. 메니페아에서는 그런 문제가 구체적이고 감각적인 형식으로 역동적이고 다채로운 형상으로 제시될 뿐이다. 그리하여 '철학에 창녀의 야한 의상을 걸치게' 만드는 것이다.

이와 같이 카니발화된 문학은 유럽문학의 장르와 사상체계, 다양한 문체적 발전 등에 결정적인 영향을 미친다. 온갖 폐쇄성과 독단성, 위계적 가치체계에 대해 부단히 이의를 제기하고 부정해버리면서 근대 문학의 탄생을 이끌어내는 것이다.

도스토예프스키의 소설 장르, 즉 폴리포니야는 바로 이런 전통의 새로운 혁신을 통해 이루어진다. 그렇다고 카니발과 근대적 파생물(가장무도회나 어릿광대극 등)이 직접적으로 도스토예프스키에게 영향을 주었다고 말하는 것은 곤란하다. 무엇보다 카니발적 정신은 문학 장르의 전통으로 수렴되면서 문학의 새로운 특성들과 결합되고 새로운 특성들을 형성하는 카니발의 문학화, 문학의 카니발화를 강력하게 촉진시켰다고 말하는 것이 옳다.

바흐친은 이러한 장르 전통과 카니발화를 도스토예프스키의 구체적인 작품 분석을 통해 증명한다. 그는 말년의 두 환상적 단편소설, 「보보크」(1873)와 「우스운 인간의 꿈」(1877)을 고전적 메니페아의 전형으로 고찰하고, 「지하생활자의 수기」, 「온순한 여인」은 메니페아의 자유로운 변종으로, 그리고 대장편소설들의 결정적이고 본질적인 장면들 역시 메니페아의 카니발 정신 속에서 분석하고 있다.

「보보크」는 과음으로 인해 광기에 접어든 화자, '어떤 사람'이 미쳐가는 과정에서 무덤 근처를 지나다가 장례식을 목도하면서 장례와 지옥, 죽은 자들과 대화하는 이야기이다. 화자의 이야기는 끝없는 내면적 대화와 논쟁으로 가득하다. 이 작품은 묘지의 풍경, 장례식을 치르는 성직자들, 장례를 치르는 사람들의 행동과 시체의 모습 등을 묘사하면서 일반적으로 생각되는 장례식의 엄숙함과 죽음에 대한 종교적 가치부여 등의 이면을 파헤치고 뒤집어엎으며 실제적 일상과 내면을 폭로하고 있다. 거기에서 일상에 대한 거리낌 없는 모독과 자가당착적이고 황당한 짜 맞추기, 속악화가 이루어지며 카니발적 세계관이 드러난다. 환상적 플롯을 통해 지옥과 죽은 자들의 생각과 의식이 도입되기도 한다. 지상의 계급이나 관계에서 벗어나지 못한 죽은 자들의 집착과 변명, 거기에서 벌어지는 익살스러운 갈등과 욕설, 스캔들, 묘지에서 벌어지는 에로티시즘, 관 속의 웃음 등등은 메니페아가 보여주는 전형적인 지옥의 상황이다. 이런 이야기를 통해 단편 「보보크」는 인간의 공식적인 삶과 의식의 위선과 허구를 날카롭게 뒤집어엎고 새롭게 이면을 보여주고 있는 것이다.

「우스운 인간의 꿈」은 '꿈'이라는 뒤집어진 다른 세계, 그것도 일반적인 사람이 아니라 '우스운 인간'의 꿈을 통해 역사현실의 전혀 다른 이면을 폭로하는 작품이다. 비록 대화화된 구성은 아니지만 화자의 이야기는 내적 대화로 충만해있고 그 대화는 자기 자신과 우주와 창조주와 다른 모든 사람들을 향한 이중적 방향성을 지니고 있다. '꿈'이라는 전혀 다른 공간에서 '우스운 인간'은 '현명한 바보', '비극적 어릿광대'와 같은 자신의 모습에 대해 변호하고 항의하면서 궁극적이고 본질적인 철학적 질문, 삶과 죽음의 문제를 제기한다. 이 작품 역시 꿈이라는 비현실적 공간, 괴짜와도 같은 인물, 이념에 민감한 주인공, 자살을 앞둔 경계적 인물, 즉 '문턱에 서 있는' 인간, 유토피아적 주제, 모욕 받은 인물들의 자의식, 현실의 어두운 측면에 대한 자연주의적 묘사 등등을 통해 메니페아와 카니발 정신을 구현하고 있다.

이런 단편들이 메니페아 장르를 아주 직접적이고 전형적으로 계승하고 있다면 장편소설들은 메니페아 장르의 일부 요소와 세계관적 측면을 주요한 핵심적인 장면들에서 새롭게 변화시켜 수용한다. 예를 들어 『죄와 벌』의 카니발화의 주요한 요소들을 살펴보자. 이 소설에서 사람의 운명과 경험, 이념 등은 모두 그 경계선 끝까지 나아가며 "마치 반대편으로 건너갈 것처럼 보인다."(244) 이해를 돕기 위해 『죄와 벌』의 한 장면을 읽어보자. 라스콜리니코프가 포르피리 검사와 처음 대면한 뒤 다시 꿈속에서 노파를 살해하는 장면이다.

그는 잠시 노파 앞에 서 있었다. '무서워하고 있군!' 그는 이렇게 생각하고 살그머니 올가미에서 도끼를 빼서 노파의 정수리를 향해 내리쳤다. 한 번, 또 한 번. 그러나 이상하게도 노파는 도끼를 맞고도 꼼짝 않는다. 마치 나무로 만든 사람 같았다. 그는 오싹해서 좀 더 가까이 몸을 굽히고 노파를 이리저리 살펴보기 시작했다. 그러나 노파는 더욱 더 머리를 숙였다. 그래서 그는 거의 바닥에 닿을 정도로 몸을 굽혀서 밑으로부터 그녀의 얼굴을 들여다 보았다. 들여다보고 그는 죽은 사람처럼 새파랗게 질리고 말았다. 노파는 앉아서 웃고 있었다. 그가 들을까 봐 억지로 참으면서 들릴 듯 말 듯 조용히 웃고 있었다. 문득 침실 문이 살짝 열리더니 거기서도 사람들이 웃음을 터뜨리고 소근 대며 이야기를 하는듯한 느낌이 들었다. 그는 치솟는 분노로 인해 있는 힘을 다해 노파의 머리를 내리치기 시작했다. 그러나 도끼를 내리칠 때마다 침실의 웃음 소리와 속삭임은 점점 더 뚜렷이 들려왔다. 노파는 깔깔 대며 웃으면서 온몸을 흔들고 있었다. 그는 도망치려고 몸을 내던졌으나 현관은 어느새 사람들로 가득 차 있었다. 층계로 향한 문들은 모조리 열려 있고 복도에도, 층계참 위에도, 저기 아래쪽에도 온통 사람들이 머리와 머리를 맞대고 이쪽을 바라보고 있었다. 모두들 숨을 죽이고 기다리며 침묵을 지키고 있었다! …… 그는 가슴이 답답해졌고 움직이려 해도 다리가 꼼짝도 하지 않고 바닥에서 떨어지질 않았다. …… 그는 소리를 지르려고 하다 퍼뜩 눈을 떴다.(245)


현실에서 라스콜리니코프가 살해한 노파는 꿈속에서 결코 살해되지 않는다. 오히려 웃고 있다. 웃음은 옆방의 침실과 바깥의 계단에서까지 들려오고 점점 더 커진다. 라스콜리니코프는 계단의 꼭대기에 서 있다. 이제 곧 모든 사람들이 지켜보는 가운데 그는 꼭대기에서 저 아래로 곤두박질 칠 것이다, 마치 카니발에서 왕을 사칭한 자가 왕관을 박탈당하고 전락하는 것처럼. 라스콜리니코프는 결코 노파를 죽일 수 없고 그의 행위는 전민중적 웃음 속에서 그 본질이 폭로되고 있다. 여기서 '계단 꼭대기', '계단 아래', '계단', '문턱', '현관', '층계참'은 하나의 점이며 경계를 나타낸다. 그 지점들과 경계는 운명의 위기와 전환, 급변이 발생하고 소멸하는 공간이다. 이런 경계 안의 공간, 이를테면 거실이나 침실 등은 사람들의 전기적 삶이 이루어지는 곳이다. 태어나고 성장하고 아이를 낳고 늙고 죽어가는 삶은 바로 이 안락한 공간 내에서 이루어진다. 물론 그런 공간에서도 변화와 전이가 이루어지지만 이 경우 그런 공간 역시 하나의 점이고 경계이다.

이와 같은 방식으로 바흐친은 도스토예프스키의 주요한 소설들의 카니발화를 분석해낸다. 『백치』의 모순적인 이중성을 지닌 므이시킨 공작의 의외성과 현실 부적합성, '미친 여자' 나스타샤 필립포브나의 감정적 발작과 스캔들 등은 전형적인 메니페아적 특성이며 카니발적 세계관의 표현이다. 『악령』에서는 악령들이 깃든 모든 생활이 카니발적 지옥으로 그려지고 대관과 박탈의 구도가 반복된다. 『카라마조프가의 형제들』에서는 부친살해와 그로 인한 격렬한 대화와 논쟁 구도가 역시 전형적인 카니발적 세계관 속에서 그려지고 있다.

그러나 바흐친이 보기에 카니발화는 도스토예프스키에게 무엇보다 하나의 발견의 원리이다. "카니발화는 교체와 갱신의 파토스를 가지고 외적으로 안정되고, 성숙되고, 완성된 모든 것을 상대화시키면서, 도스토예프스키로 하여금 인간이나 인간관계의 심층으로 파고들”어 “과거의 생활형식과 도덕적 원칙과 신앙이 믿을 수 없는 ‘썩은 밧줄’로 변해 버리고 줄곧 숨겨져 있던 인간 사상이나 인간의 이중적이고 미완성적인 본성이 밖으로 드러나는”(243) 자본주의 사회의 제관계를 효과적으로 파헤치도록 해준다. 그러나 물론 여기서 그 발견과 폭로가 하나의 단일한 이념으로 귀결되는 것은 아니라는 점은 새삼 강조할 필요가 없을 듯하다. “최종적인 일은 이 세계 속에서 아직 한 번도 일어나지 않았으며, 세계에 대한 최후의, 그리고 세계의 최후의 말은 이제껏 발설된 적이 없었고, 세계는 열려 있으며 자유롭고, 아직 모든 것은 앞에 있으며 영원히 앞에 있을 것이다.”(242)라는 것이 도스토예프스키의 창작적 세계관이기 때문이다. 이제까지 존재해왔던 인간과 사회에 대한 독백적 의식, 단일한 정신은 이제 카니발적 세계관 속에서 새롭게 드러나게 된다. 도스토예프스키의 세계 속에서는 “모든 사람과 모든 사물이 서로가 서로를, 그리고 서로가 서로에 대해서 알아야 하고, 접촉해야 하며, 얼굴과 얼굴을 맞대고 함께 이야기를 시작해야 한다. 모든 것은 대화적으로 서로서로를 되비춰주고 서로서로를 밝혀주어야 하는 것이다.”(259) 바로 이런 점에서 도스토예프스키에게 카니발적 자유와 공간이 필요했고 그는 그런 전통을 폴리포니야 소설 장르로 승화시켜냈던 것이다. 그리고 바로 그렇게 바흐친에게 도스토예프스키가 새롭게 태어나게 된 것이기도 하다.

## 대화적 관계로서의 말

　도스토예프스키의 시학을 분석함으로써 바흐친은 작가와 주인공의 관계의 혁신을 증명하고 작가를 포함하여 주인공 모두의 이념적 독자성과 미완결성의 본질을 규명했다. 그리고 그러한 인물들을 담아내는 형식으로서 폴리포니야 소설의 장르적 특성을 분석했다. 이제 폴리포니야 소설의 중요한 한 측면, 즉 도스토예프스키의 말에 대해 분석할 차례다. 문학 작품에서 작가와 주인공의 대화적 관계를 실현시키는 것은 결국 말이고 그 말의 구조와 특성을 구체적으로 분석하는 것이 폴리포니야 소설의 내부적 구성 원리를 해명하는 최종 과제인 것이다.

　그런데 바흐친은 말에 대해 여러 가지 용법을 구사한다. 언어(язык, language)와 말(слово), 언술(речь), 발화(высказывание 말하기, 말 꺼냄 등의 의미) 등이 그것이다. 먼저 언어는 아주 추상화된 체계로서 이해된다. 바흐친에 따르면 기존의 언어학이 대상으로 삼고 있던 것은 바로 이 추상화된 체계로서의 언어이다. 그리고 말은 추상화된 언어가 산출될 수 있는 "구체적으로 살아있는 총합체로서의 언어"(263)을 말한다. '구체적으로 살아 있다'는 의미가 모호하긴 하지만, 바흐친은 이를테면 문맥과 대화적 관계가 포함되어 있는 실제 존재하는 언어를 지칭하기 위해 체계로서의 언어와 달리 '말'이라는 개념을 도입하고 있다. 언설은 구체적인 주체가 구체적인 맥락에서 전개하는 언어를 말하는 것으로 '말'의 구체적 양상을 가리킨다. '발화'는 어떤 주체가 입으로 소리 내어 말하는 행위를 말한다. 이런 용법이 조금 낯설고 서로 중복되는 지점을 가지고 있지만 바흐친은 자신이 주목하고 있는 언어적 현상을 설명해내기 위해 그때그때 강조점을 달리하면서 이 용어들을 사용하고 있다.

우선 바흐친은 도스토예프스키의 작품에 구사되는 언어를 분석하기 위해서는 기존의 언어학이 대상으로 삼는 언어 분석으로는 곤란하다고 지적한다. 언어학은 추상화된 언어체계를 분석하는 것을 목적으로 삼기 때문에 작품 속에 대화적 관계를 형성하고 있는 말을 분석하기 위해서는 메타 언어학적 관점이 필요하다. 메타 언어학은 '말의 삶'(바흐친은 말의 살아 있음과 관계성을 강조하기 위해 '말'에도 '삶'이라는 표현을 부여한다)을 연구하는 것으로 독립적인 연구 영역을 가지고 있다. 물론 언어학과 메타 언어학은 상호 보완적이지만 엄격히 분리되어 있다. 이를테면 '인생은 멋지다', '인생은 멋지다'라는 두 개의 문장이 있다고 하자. 완전히 똑같은 판단이, 그리하여 내용상으로나 문체적으로나 하나의 유일한 판단을 담은 문장으로 언어학적으로는 동일한 반복에 지나지 않는다. 그러나 이 판단을 서로 다른 두 주체가 말한다면 두 문장 사이에 대화적 관계가 형성될 수 있고 그 대화적 관계와 맥락 속에서 이 두 문장은 서로 동일하지 않은 의미가 될 수 있다. 즉 언어가 구체화되어 존재의 다른 영역으로 들어가면 그것은 바흐친 식으로 '말'이 되는 것이며 거기에는 그 말을 하는 주체의 입장이 개입되고 상황이라는 맥락이 관련되어 하나의 언술이 되는 것이다. 이러한 대화적 관계는 기존의 언어학적 관점에서는 다루어질 수 없었기 때문에 바흐친은 메타 언어학이라는 새로운 방법론을 통해 말의 총체적 이해에 도달해야 한다고 주장한다. 특히 문학 작품의 말에 대한 분석은 작품에 담긴 서로 다른 목소리들과 목소리들 사이의 대화적 반응과 교류, 대립과 갈등을 이해하기 위한 불가피한 요소이다.

소설이나 문학작품에서 언어가 아니라 말의 중요성을 대화적 관계의 이해에 두고 있는 바흐친의 생각을 좀 더 잘 살펴보기 위해 바흐친이 들고 있는 도스토예프스키의 「가난한 사람들」 분석의 한 예를 살펴보자. 이 작품은 도스토예프스키의 첫 작품이자 동시대 비평가들의 눈을 사로잡았던 출세작이기도 하다. 이 작품은 가난한 하급 관리 마카르 제부시킨이 같은 건물에 세 들어 사는 가난한 소녀 바르바라와 주고받는 편지로 구성된 소설이다. 제부시킨은 하급 관리로서 아주 가난하게 살고 있고 집세를 절약하기 위해 부엌방에서 살고 있다. 그러면서도 그는 바르바라를 도와주기 위해 노력한다. 이 두 사람 사이에 주고받은 편지에는 각자가 자신에 대해 이야기하면서 상대를 의식하고 배려하며 말을 하는 모습이 아주 잘 나타나 있다. 이를테면 제부시킨이 자신이 살고 있는 상황에 대해 바르바라에게 쓰는 편지의 한 대목을 보자.

나는 부엌에서 살고 있답니다. 아니 바로 부엌 곁에 방이 한 간 붙어 있는데 거기서 살고 있다고 하는 편이 훨씬 정확하겠지요(그러나 우리 집 부엌은 청결하고 밝으며 대단히 훌륭하다는 걸 미리 말씀드려야겠군요). 부엌 모퉁이에 있는 조그맣고 아담한 방이랍니다. 이를테면 다음과 같이 말하는 편이 좋겠네요. 이 집 부엌은 커다란 창문이 세 개나 있는데 옆의 벽을 따라 칸막이를 해서 마치 독립된 여분의 방이 하나 더 생긴 것처럼 되어 있습니다. 그렇지만 공간이 꽤 넓고 유리창을 비롯해서 있을 건 다 있는 안락한 방입니다. 한마디로 말해서 나무랄 데가 없지요. 이것이 바로 이 사람의 조그만 방구석이랍니다. 그러나 내가 이 같은 곳에 산다고 해서 거기에 무슨 말 못할 사정이라도 있다고는 생각하지 마세요. 귀여운 바렌카! '부엌이라고요!' 하고 놀라실 필요는 없습니다. 내가 판자로 칸막이를 한 부엌 한 모퉁이에서 사는 것은 사실이지만 그런 건 아무 상관없습니다. 나는 일부러 모든 사람들과 떨어져서 혼자 오붓하고 조용하게 살고 있을 뿐입니다. 나는 여기에 침대와 책상과 장롱과 의자를 놓고 성상도 걸어 놓고 있지요. 틀림없이 더 좋은 하숙집도, 아마 비교도 안 될 만큼 더 훌륭한 집도 있겠지만 그래도 편안한 게 제일이지요. 정말 나는 무엇보다 편리하기 때문에 여기에 삽니다. 무언가 다른 데 이유가 있다고 생각해서는 안 됩니다.(297)

어떤가. 제부시킨은 행복하게 부엌에 딸린 방에서 안락하게 살아가고 있다고 생각하는가. 이 장면을 언뜻 보면, 아, 제부시킨이 자신이 살고 있는 따뜻한 부엌방에 대해 설명하는 것 같다. 하지만 제부시킨은 말하면서 자기 말의 지시적이고 논리적인 의미에 신경을 쓰는 것이 아니다. 즉 어떻게 하면 정확하게 자신의 방을 묘사하여 전달할 수 있을 것인가를 고민하거나, 그를 위해 보다 적절한 단어와 문장을 찾고 있는 것이 아니다. 그는 지금 자신이 너무 형편없는 곳에서 살아가고 있다는 점을 바르바라가 걱정하거나 의심스러운 눈길을 보내지 않을까하는 오직 그 점을 신경 쓰고 있다. 거의 모든 한마디 한마디에서 제부시킨은 "눈앞에 없는 상대방을 흘낏흘낏 바라보면서, 자신의 부엌살이에 대한 이야기가 주는 인상을 미리 감소시키려 하고, 상대방 처녀를 슬프게 하지 않으려고 노력한다."(297) 그는 편지를 읽는 상대방이 어떤 반응을 보일까 미리 안색을 살피면서 말의 강세를 조절하거나 새로운 뉘앙스를 덧붙이고 말을 되짚어가며 설명하고 있다. 그는 어떤 말을 의미를 담아 한 번에 해치우지 못한다. 무슨 말인가를 하려다가 그 말에 대한 상대방의 반응을 예상하며 다시 말의 방향과 강세를 조정하여 상대의 예상되는 말에 대응하는 것이다. 이렇게 타인의 응답은 실제로 행해지지 않는다 해도 제부시킨의 말의 구조와 강세에 큰 영향을 미치고 있다. 때로 상대의 말은 한마디나 두 마디, 혹은 완전한 문장으로 그 흔적을 남기기도 한다. 인용문에서 '부엌이라고요!'와 같은 부분이 바로 그것이다. 이 말은 제부시킨이 예상하고 있는 상대방의 잠재적인 언설이다. 바르바라가 바로 앞에 있었다면 이렇게 말했을 것이라고 제부시킨이 예상하고 있는 것이다. 바로 이런 말이, 예상되는 상대의 말이 제부시킨 자신의 말 속으로 그대로 뛰어 들어오고 있는 것이다. 이처럼 제부시킨의 말에는 상대방 바르바라가 할 수 있는 말, 타자의 말이 투영되어 있다. 제부시킨이 자신의 직업에 대해 말하는 모습을 하나 더 살펴보자. 바흐친은 이 장면을 예로 들면서 타인의 말과 제부시킨의 말이 뒤섞이고 논쟁하는 모습을 잘 분석해 보여준다.

얼마 전에 예프스타피 이바노비치가 사적인 이야기 중에 시인으로서 가장 중요한 미덕은 돈을 긁어모으는 수완이라고 하더군요. 물론 농담으로 한 말이지만(농담이었다는 건 나도 알고 있습니다). 그는 아무에게도 폐를 끼치지 않는 것이 바로 미덕이라고 했습니다. 그러나 나는 누구에게도 폐를 끼친 적이 없습니다. 나에겐 내 자신이 사다 놓은 빵이 있습니다. 정말 평범한 한 조각의 빵인데, 그것도 굳어버린 게 보통이지만, 그래도 자신의 노동으로 얻은 빵입니다. 어떻게 해서 먹든 간에 법적으로 흠잡을 게 없는 빵입니다. 그러니 이에 대해서 아무도 할 말이 없을 겁니다! 내가 정서나 하고 있는 일이 별로 대단치 않다는 것을 잘 알고 있습니다. 하지만 나는 그 일을 자랑스럽게 생각하고 있습니다. 땀 흘려 일하고 있으니까요. 정서하고 있다고 해서 그것이 실제 어떻다는 겁니까? 네? 정서하는 것이 죄악이라도 됩니까? '저놈은 정서나 해먹고 살지!'라고 말들 합니다만 그래, 거기에 떳떳하지 못한 것이라도 있습니까? …… 아니 나는 지금 내가 꼭 필요한 인간이라는 사실과 남들의 기분을 상하게 하는 일 따위는 전혀 하지 않는다는 사실을 자인하고 있습니다. 혹은 비슷한 데가 있다면 나를 쥐새끼라고 부른다 해도 좋습니다. 그렇지만 이 쥐새끼는 필요한 쥐입니다. 이 쥐새끼가 이익을 가져옵니다. 많은 사람들이 이 쥐새끼 덕을 봅니다. 게다가 이 쥐새끼는 보수를 받고 있습니다. 자, 바로 그런 쥐새끼란 말입니다. 여하튼 이런 이야기는 그만 하지요. 원래 이런 말을 할 생각은 없었지만 그만 약간 흥분한 것 같습니다. 그렇지만 가끔가다 자기 자신을 정당하게 대우하는 것도 즐거운 일입니다.(299-300)

여기서도 제부시킨의 말에는 끊임없이 타인의 응답과 그 응답에 대한 제부시킨의 대응이 교차하며 대립하고 논쟁한다. 위의 인용문이 있기 전에 그는 자신이 정서를 하고 있다는 사실에 대한 세상 사람들의 일반적인 반응을 충분히 알고 있으면서도 짐짓 아무렇지 않다는 듯이 자신이 정서 일을 하는 사람이라고 여러 번 말한다. 그러나 아무렇지 않은 '나는 정서를 한다'는 말 속에 불안하게 드리워진 타인의 응답이 점차 제부시킨으로 하여금 그에 대응하도록 만든다. 제부시킨이라는 하나의 의식과 하나의 입으로 서로 다른 두 가지 세계관과 두 가지 목소리가 발화되어 나오는 격이다. 두 논쟁적 의식은 점차 폭발하여 직접적인 타인의 목소리로 '저놈은 정서나 해먹고 살지!'라고 터져 나오고, 제부시킨 역시 그에 격정적으로 대들 듯이 '나를 쥐새끼라고 해도 내가 뭐 잘못한 게 있느냐'고 흥분하며 대응한다.

그런데 바흐친은 여기서 재미있는 분석을 내놓는다. 제부시킨의 긴장된 말을 다음과 같이 대화로 풀어보자는 것이다.


타　　인 : 돈을 긁어모을 줄 알아야 해. 누구에게도 폐를 끼쳐서는 안 되니까. 그런데 넌 다른 사람에게 폐만 끼치고 있어.

제부시킨 : 나는 누구에게도 폐를 끼치지 않아. 나에게는 나의 빵조각이 있어.

타　　인 : 대체 어떤 빵조각 말인가. 오늘은 있다가 내일은 없는 그런 빵 말인가. 아마 틀림없이 굳어버린 빵이겠지!

제부시킨 : 그래, 시시한 빵조각이고, 굳어버린 것일 수도 있지. 하지만 노동을 통해 얻은 어엿한 빵이지. 훌륭하게 먹을 수 있어.

타　　인 : 그것도 노동이라고? 고작 정서하는 것이잖아? 다른 건 할 줄 아는 게 없잖아.

제부시킨 : 그럼 어때서? 나도 정서로 내가 버는 게 별
　　　　　로라는 걸 잘 알아. 그래도 난 이 일이 자랑
　　　　　스러워!
타　　　인 : 자랑스럽다! 정서하는 게! 그거 부끄럽지도
　　　　　않나?
제부시킨 : 아니 내가 정서한다는 게 대체 뭐가 어떻다
　　　　　고 그래! …… (303)


앞서의 제부시킨의 말을 순수하게 언어학적으로 그 지시적
논리적 의미를 대화체로 풀어놓은 것이다. 이런 정도의 대화
를 하나의 목소리 속에 겹치게 하고 융합하고 있는 것이 바로
제부시킨의 말인 것이다. 즉 제부시킨의 말 속에는 위와 같은
두 개의 의식, 두 개의 시점, 두 개의 가치평가가 서로를 가로
막고 논쟁하며 교차하고 가로지른다. 바흐친은 바로 이런 특
징들이 도스토예프스키 문학을 관통하는 일관된 가장 중요한
점이라고 본다. 그것은 단순히 문체나 어법적 특징이 아니라
인간의 의식과 세계관에 대한 본질적인 문제와 관련된 것이다.


사회적으로 낯선 타인의 말에 대한 이와 같은 곁눈질
(оглядка)은 제부시킨의 언설의 스타일이나 어조뿐만 아니
라 그 자신과 주위 세계를 사고하고 경험하고 보고 이해
하는 방법까지도 결정짓는다. 도스토예프스키의 말투의
가장 피상적인 요소들과 자기표현의 형식 사이에 그리고

그의 예술적 세계에 있는 세계관의 근본들 사이에는 언제
나 깊은 유기적 연계가 이루어진다. 인간은 언제나 언동
하나하나를 통하여 자신의 전부를 내보인다. 타인의 말과
타인의 의식과의 관계에 한 인간을 설정하는 일이 도스토
예프스키의 전 작품을 꿰뚫는 근본 테마이다. 주인공의
자기 자신에 대한 태도는 그와 다른 사람이 갖는 관계, 다
른 사람하고 그가 갖는 관계와 떼어 놓을 수 없게끔 연결
되어 있다. 자기 자신에 대한 주인공의 의식은 주인공에
대한 타인의 의식을 배경으로 지각되고 있으며, '자신에게
있어서의 자아'는 '다른 이에게 있어서의 나'를 배경으로
이해되어지는 법이다. 그래서 주인공 자신에 대한 주인공
의 말은 주인공에 대해 끊임없이 영향을 주고 있는 타인
의 말에 의해 만들어진다.(298-299)


이처럼 도스토예프스키의 말은 대화적 관계로 충만해 있으
며 이는 장편 소설 속에서 더욱 복잡다단하고 긴장된 대화적
관계로 나타난다. 그것은 단지 문체상의 특징일 뿐만 아니라
인간의 상호적 존재성에 근거한 대화적 세계관의 표현이며 앞
에서 다양하게 접근한 폴리포니야 소설 장르의 구축에 필수적
인 도스토예프스키 고유의 시학이다. 바흐친이 기존의 언어학
적 분석으로는 도저히 도스토예프스키의 말의 특징을 이해할
수 없다면서 '말'과 '언설', '발화' 등과 같은 개념을 끌어들일
수밖에 없었던 것은 바로 이런 문제 때문이었다. 그러나 물론

그것은 단순히 도스토예프스키를 분석하기 위해서만 필요한 개념은 아니다. 소설 장르가 고대로부터 동시대적 현실에 최대한 접근하고자 하는 동기로부터 그 발전의 동력을 구하고 있다는 점, 메니푸스 풍자 등과 같이 현실에 대한 복합적인 태도를 담아내기 위한 대화적 언어의 전통을 풍부하게 수용하고 있다는 점에서 소설의 언어를 제대로 이해하기 위해서는 체계로서의 지시적 논리적 분석이 아니라 살아있는 언어적 총합으로서의 말의 분석으로 나아가야 한다는 것은 바흐친으로서는 불가피한 논리가 아닐 수 없었던 셈이다.

바흐친은 말의 방향성을 중심으로 소설에 나타나는 말의 양상을 첫째, 화자의 최종적인 의미적 판단을 직접적으로 표현하는 말, 둘째, 타자의 말을 묘사하는 객체화된 말, 셋째, 타인의 말을 지향하는 이중적 목소리의 말 등으로 분류한다.

도스토예프스키 소설에서 첫 번째 유형의 말, 즉 화자가 서술을 진행하는 말은 매우 간단하고 무미건조한 정보전달에 머무른다. 그것은 초기 작품에서부터 후기 작품에 이르기까지 거의 변화가 없다. 이를테면 「가난한 사람들」에서 두 주인공의 행위와 말을 다시 정리하거나 둘 사이의 관계와 변화를 설명하는 작가의 말은 전혀 존재하지 않고 다만 두 주인공의 편지 말로 소설이 구성되어 있다. 다른 모든 작품들에서도 그것은 마찬가지이다. 작가의 말이기도 한 서술자의 말은 이렇게 자신의 직접적 표현을 최소화하고 있으며 더구나 주인공의 말과 비교해 볼 때 새로운 어조의 도입이나 변화는 거의 존재하지 않는다. 사건의 진행과 묘사라는 불가피한 서술적 기능을 수행하기 위해 직접적으로 자신의 말을 드러내는 경우에 작가는 아주 건조한 억양으로 정보를 전달하고 문서를 기록하는 기능으로 자신을 엄격히 제한하고 있다. 그는 심지어 장별 제목을 달 때에도 작가적 시점을 최소화하고자 아주 냉정한 사실 전달이나 관습적인 형식(누가 하더라도 마찬가지일 것 같은), 혹은 주인공의 직접적인 말 등으로 제목을 붙이고 있다. 그 제목을 통해 작가의 이념이나 작가의 강조점이 직접 드러나지 않도록 만드는 것이다. 그리하여 도스토예프스키의 작가적 말은 작품 속에서 하나로 정리될 수 없다. 작가는 주인공들의 대화에 직접 개입하지 않으며 또한 주인공의 형상을 중립적이고 객체화시키는 당사자 부재의 말(заочное слово)을 알지 못한다. 어떤 인물이든 그에 대해 모든 것을 확정해주는 그런 작가의 말은 존재하지 않는 것이다.

그러나 당연한 말이지만 작가가 단순한 매개적 기능만 수행한다고 말할 수는 없다. 그는 타인의 목소리로 주인공의 내부적 대화에 개입하거나 혹은 한 주인공의 언설과 복합적으로 결합됨으로써 적극적으로 자신의 말을 하고 있는 것이다. 이런 경우에도 작가의 말은 주인공의 내부의 대화에 직접적으로 가담하거나 잠재적으로 가담한다. 물론 그 경우에도 주인공의 말을 지배하거나 억압하지 않고 주인공 자신의 의식이나 목소리가 작가 자신의 말을 구사할 수 있도록 만들고 자유로운 여분(잉여)가 주인공에게 남아있도록 만드는 것이다.

두 번째 유형은 소설이나 드라마에서 사회적 인간적 전형으로 축소되는 말이다. 도스토예프스키 소설에서 이러한 유형의 말은 거의 존재하지 않는다. 이런 유형의 말은 오직 특정한 대상만을 향하고 있을 뿐이다. 만일 형식적인 대화적 관계를 구성한다하더라도 이런 말은 순수하게 형식적인 대화일 뿐이다. 그런 말들은 궁극적으로 독백적인 것이므로 아무리 다양하게 자신을 드러낸다 하더라도 그 말의 본질적인 의미나 어조는 결코 독백성을 넘어서지 못한다. 따라서 서로 다른 주체들이 말을 한다 하더라도 이러한 객체화된 말은 본질적으로 첫 번째 유형의 말과 다를 바가 없다.

도스토예프스키 소설에서 말과 대화는 바로 세 번째 유형, 즉 타인의 말을 향한 이중적 목소리를 지닌 말이다. 이 말들은 언제나 타인을 향한 이중적 목소리를 가지고 있고 타인의 말을 자신의 말로 받아들이는, 진정으로 대화적 관계를 형성하고 있는 말이다. 앞서 「가난한 사람들」의 제부시킨의 말과 같이 이러한 말은 타인과의 대화적 관계 속에서만 존재한다. 따라서 이러한 말들 속에는 타인의 말에 반응하는 다양한 양식화와 억양, 스카스, 패러디가 복합적으로 작용한다.

『죄와 벌』의 라스콜리니코프가 여동생의 결혼을 알리는 어머니의 편지를 받고 혼자 생각하는 말을 들어 보자.

그렇게는 할 수 없다고? 그럼 그렇게 하지 않기 위해서
넌 도대체 어떻게 할 셈이냐? 그만 두게 한다고? 그럴 권
리가 네게 있어? 그런 권리를 갖기 위해서 너는 네 쪽에
서 그들에게 무엇을 약속할 수가 있는가? 대학을 졸업해
지위를 얻었을 때 자기의 운명의 전부를, 자기 미래의 전
체를 그들에게 바친단 말인가? 그것은 이미 싫증이 날 정
도로 들었고 가정에 불과하다. 그런데 지금은? 지금 당장
무언가를 해야 되지 않겠는가? 이 사실을 너는 알고 있지
않느냐. 그런데도 넌 지금 무얼 하고 있는 거냐? 너는 도
리어 그들에게 얹혀살고 있다. 그들의 돈이란 백 루블의
연금이 아니면 스비드리가일로프 네에게서 저당을 잡혀
빚진 돈이 아니던가! 오, 미래의 백만장자야, 그들의 운명
을 좌지우지하는 제우스 신아. 너는 어떻게 그 스비드리
가일로프 네나 아파나시 이바노비치 바흐루신으로부터 그
들을 보호할 수 있느냐? 십 년 후라고? 십 년이 지나면 어
머니는 목도리 짜는 부업 때문이든지, 아니면 눈물 때문
에 장님이 되어버릴 게다. 아니 그뿐만 아니라 영양실조
로 미라가 되었을 지도 모르지. 그런데 누이동생은 십 년
후에, 아니 십 년 동안에 누이동생이 어떻게 될지 조금이
라도 생각해 봐라. 상상이라도 할 수 있겠어?(346)


라스콜리니코프는 자신을 '너'라고 부르며 자신을 설득하고
조롱하고 화를 내게 만든다. 『죄와 벌』 전체가 주인공의 이와
같은 긴장된 내적 대화로 가득하다. 그의 말은 타인의 말들,

최근 며칠 동안 자신이 듣거나 읽은 타인의 말들에 대한 격한 논쟁과 응답으로 구성되어 있다. 그는 타인의 말을 자신의 말로 하거나 강조점을 바꾸어 버리기도 한다. 다른 인물들은 어떤 개인적 사회적 전형으로가 아니라 오직 그들이 한 말로서만 그의 말 속에 인식된다. 편지 속의 어머니의 말, 그 속에 인용되는 루진과 두냐, 스비드리가일로프의 말, 그리고 방금 만났던 마르멜라도프의 말과 그의 딸 소냐의 말 등을 라스콜리니코프는 자신의 의식과 말 속에 뒤섞어가면서 그 말들의 대화적 대립과 충돌을 보여준다.

이처럼 도스토예프스키의 주인공들은 끊임없이 대화화된 말 속에 존재한다. 그들의 말은 항상 외부를 향해 말을 거는 활기찬 지향성을 지니고 있다. 도스토예프스키의 주인공들은 모두 말을 하는 주체이지 누군가에 의해 묘사되는 객체화된 대상이 아닌 것이다. 그의 소설에는 오직 말하는 주체들만이 존재하며 "판정을 내리는 말, 객체에 관한 말, 상대가 없는 지시적인 말"(345)은 존재하지 않는다. 주인공에 대한 말과 주인공 자신의 말은 내부적 대화 속에서 긴장된 관계를 형성하고 오직 그 속에서만 의미를 가진다. "어디서나 주인공들의 발화된 대화에 대한 응답은 그들의 내적 대화의 응답들과 교차하거나 공명하고, 혹은 차단된다. 또한 어디서나 일정한 총합을 이루고 있는 이념, 사상, 말은 제각각 서로 다르게 울리면서 융합되지 않은 몇몇 목소리들로 나타난다. 작가는 중립적이며 자기와 동일한 것으로서 이념의 총합 그 자체를 대상으로 삼고 있지 않다. 아니, 서로 다른 많은 목소리들을 통해 테마가 인도되는 것, 그것이 작가가 목표로 하는 대상이다. 원칙적으로 다음성성과 이질적 목소리들의 공존, 그 자체가 그가 추구하는 테마인 것이다. 이 목소리들의 배열과 그것들의 상호작용이야말로 도스토예프스키에게 중요한 것이다."(390-391) 그리하여 도스토예프스키의 작품, "그것은 말을 향해 있는 말에 관한 말"(391)이다.

# 보다 총체적으로, 보다 대화적으로

우리는 바흐친의 생애와 사상, 그리고 주요 개념, 특히 도스토예프스키 소설에 나타나는 대화적 세계관과 폴리포니야 소설 장르의 특성에 대해 차례로 살펴보았다. 바흐친의 사상적 형성과정은 언어철학으로부터 도스토예프스키 소설론, 소설 일반론, 카니발론 등으로 구체화되고 심화되었다. 그러나 우리는 역으로, 즉 소설론 일반과 카니발론으로부터 도스토예프스키 소설론으로 논지를 좁혀가며 살펴보았다. 물론 이것은 바흐친 사상을 지나치게 폴리포니야 소설론으로 귀결시키고 있는 것으로 보이기도 한다. 이는 바흐친 사상을 문학에서 인문학 일반으로, 또 문화론으로 확대하고자 하는 현대적 노력과 사뭇 방향이 다르다는 느낌을 줄 수도 있는 것이다. 그러나 이 책은 바흐친 사상의 일반적 면모를 그려보고 그 핵심을 쉽게 이해할 수 있도록 주요 개념을 먼저 설명하고 그 개념에 대한 이해를 돕기 위해 구체적인 작품 분석으로 나아가는 순서를 채택했다. 폴리포니야 소설론을 이해하기 위해서는 대화와 독백의 개념, 소설의 발전과정에 대한 바흐친의 논지, 카니발과 소설 세계의 의미 등에 대해 먼저 사전 학습이 필요했기 때문에 자연스럽게 바흐친 사상의 형성과정을 거꾸로 거슬러 올라갈 수밖에 없었던 것이다. 사실 바흐친 사상이 초기에서 중기, 후기를 거치면서 질적인 단절과 전환을 겪는다기보다 원환적으로 심화되고 구체화되었기 때문에 이런 접근 방법이 가능할 수 있었다. 물론 그것은 바흐친의 중, 후기 인문학 일반에 대한 언급과 문화론으로의 확대과정은 이 책이 다루고자 했던 목적이 아니었기 때문이기도 하다. 그러나 이후 바흐친의 인문학과 문화철학 역시 대화적 세계관과 폴리포니야 소설론의 핵심으로부터 나선형으로 확산되고 있다는 점에서 폴리포니야 소설론에 중점을 두고 바흐친 사상을 이해하는 이 책의 서술방식은 나름대로 아주 유효한 면이 있는 셈이다.

바흐친 소설론과 루카치의 소설론을 비교하는 글에서 나는 종합적으로 "보다 총체적으로, 보다 대화적으로"[20] 라는 슬로건으로 소설의 지향점을 제시한 바 있다. 즉 루카치가 추구하는 '찾아가는 총체성'과 바흐친이 말하는 "소설 속의 보다 높은 차원의 새롭고 복합적인 총체성"(「서사시와 장편소설」, 58)은 동

---

20  이강은, 『반성과 지향의 러시아 소설론』, 한국학술정보, 2009, 60쪽.

일한 소설 철학의 수준을 보여준다고 보았다. 바흐친의 대화적 세계와 폴리포니야 소설론이 대화의 무한한 반복과 그 과정 자체만을 지시하는 것이 아님은 앞에서 수차례 강조한 바 있다. 무엇보다 바흐친 사상은 살아있는 인간의 살아있는 현실 그 자체의 구조에 주목하고 있다. 그가 체계로서의 언어가 아니라 살아있는 말과 그 발화에 주목하고, 소설 발생 과정에서 민중적 현실과의 연관성을 강조하고 민중이 직면한 현실 그 자체로서의 동시대성을 소설 발전의 원동력으로 삼는 것은 바로 살아있는 현실을 어떻게든 살아있는 그 모습 그대로 획득해야 한다는 원칙에 근거하고 있기 때문이다. 그러나 그 현실, 근대의 현실은 결코 하나의 소설에, 하나의 목소리로 포착되지 않는다. 그 속의 인간도 마찬가지이다. 오직 대화적 상호관계 속에서 현실을 찾아가고 구성하는 것이 가능할 뿐이다. 따라서 우리는 앞서의 슬로건에 이렇게 덧붙여 볼 수 있다.

'보다 총체적으로―그러나 독백적이지 않게, 보다 대화적으로―그러나 다성악의 미궁에 빠지지 않게!'

바흐친은 21세기에 더욱 생산적인 독서를 기다리고 있다. 디지털 혁명과 정보 혁명 속에서 우리는 대화적 관계의 확대 가능성을 더욱 높여가고 있다. 그러나 우리가 체험하는 수많은 대화들이 수없이 파편화된 독백이나 수다로 가득하다는 현실에 좌절하기도 한다. 새로운 현실에서 바흐친이 강조하는 대화적 세계관의 진정한 폴리포니야를 구축하는 것은 어쩌면 그야말로 새로운 장르, '신 폴리포니야'를 개척하는 문제가 될 수도 있다. 물론 그를 위해서 많은 분야에서 바흐친의 사상을 생산적으로 적용 검토하는 작업이 선행되어야 할 것이다. 가장 기초적인 개념을 검토한 이 책이 그런 작업의 문턱에서 조금이라도 도움이 되기를 기대한다.

# 참고문헌


〈바흐친의 저작〉

Бахтин М., Проблемы поэтики Достоевского, Советская Россия, М., 1979.

__________, Вопросы литературы и эстетики, Художественная литература, М., 1975.

__________, Эстетика словесного творчества, Искусство, М., 1986.

바흐친, M., 장편소설과 민중언어, 전승희 외 역, 창작과 비평사, 1988.

__________, 도스토예프스키 시학, 김근식 역, 정음사, 1989.

__________, 문예학의 형식적 방법, 이득재, 문예출판사, 1992.

__________, 새로운 프로이드, 송기한 역, 예문, 1998.

__________, 프랑수아 라블레의 작품과 중세 및 르네상스기의 민중문화, 이덕형 외 역, 아카넷, 2001.

__________, 말의 미학, 김희숙 외 역, 길, 2006.

바흐친 M. 외, 작가란 무엇인가, 박인기 편역, 지식산업사, 1997.

바흐친 M., 볼로쉬노프 V., 언어와 이데올로기, 송기한 역, 푸른사상, 2005.

〈바흐친 연구서와 전기〉

김욱동, 대화적 상상력. 바흐친의 문학이론, 문학과 지성사, 1988.

모슨 게리 솔 외, 바흐친의 산문학, 오문석 외 역, 책세상, 2006.

여홍상 엮음, 바흐친과 문학이론, 문학과 지성사, 1997.

여홍상 엮음, 바흐친과 문화이론, 문학과 지성사, 1995.

이득재, 바흐찐 읽기, 문화과학사, 2003.

클라크 K. 홀퀴스트 M., 바흐친, 이득재 외 역, 문학세계사, 1993.

## 미하일 바흐친 연보

1895년     11월 러시아 중부 오룔에서 은행가 집안의 2남 4녀 중 차남으로 출생

1905년     리투아니아 빌리뉴스로 이주

1911~1916년     오뎃사로 이주. 지병으로 인해 중등학교 졸업이 지연. 1913년 오뎃사 대학 입학

1916~1918년     상트 페테르부르그 대학으로 옮겨 1918년 대학을 졸업. 고전 인문학과 역사학 등과 관련하여 자율적으로 학습[*]

1918~1924년     혁명으로 혼란한 페테르부르그를 피해 근교의 비텝스크 현으로 이주. 이곳에서 볼로쉬노프, 메드베데프, 품퍈스키, 카간, 유디나 등과 더불어 철학과 예술 등에 관한 학습 공동체 형성. 다양한 강연과 발표, 연구와 저술 활동 전개. 1921년 결혼

1924년     레닌그라드로 개칭된 페테르부르그로 돌아옴. 비텝스크 시절의 친구들과 재결합

    「언어예술 창작에서 내용과 소재, 형식의 문제」 발표

1925~1926년     메드베데프와 볼로쉬노프의 이름으로 철학과 문학 이론 관련 소논문 출간

1927년     『프로이드주의』 출간

1928년     「문예학에서 형식적 방법―사회학적 시학 비판 서설」 발표. 종

---

[*] 이 시기 바흐친의 이력은 명확하지 않다. 대학 입학이나 졸업을 확인하는 문서가 존재하지 않는 것이다. 아마도 중등학교 졸업장이 없는 가운데 공식적 입학과 졸업이 어려운 사정이 있었을 것이다. 그러나 바흐친이 대학에서 자율적으로 학업을 진행한 것은 분명하다.

| | |
|---|---|
| 1929년 | 교단체 '부활' 그룹 사건과 연루되어 '반혁명활동' 혐의로 체포. '강제수용소 5년 노동교화형'에 처해짐. 골수염 악화로 치료차 형 집행 연기. 『도스토예프스키 창작의 제문제』 출간 |
| 1930년 | 카자흐스탄의 쿠스타나이 5년 유형으로 처벌이 완화됨. 그곳에서 지역 회계 업무 등에 도움을 주며 지역주민들과 우호적 관계를 유지하며 생계 유지 |
| 1934년 | 형이 끝났지만 2년 더 쿠스타나이에 머무름 |
| 1936년 | 사란스크의 모르도바 교육대학 문학부 강사로 초빙되었으나 일 년도 안 돼 해임 |
| 1937년 | 모스크바 근교 사벨로보로 이주 |
| 1938년 | 골수염 심화. 한쪽 다리 절단. 「리얼리즘의 역사에서 교양소설과 그 의미」 집필 |
| 1940년 | 세익스피어 관련 학회 참여. 모스크바 세계문학연구소에서 「소설 속의 말」 발표. 라블레에 관한 연구 완성 |
| 1941~1945년 | 중학교에서 문학과 러시아어, 독일어 교사로 근무 |
| 1945년 | 모르도바 교육대학 문학부 학과장으로 초빙 |
| 1946년 | 모스크바 세계문학연구소에서 「리얼리즘 역사에서의 라블레」로 칸디다트 논문 발표. 심사위원들이 독토르 학위 추천하였으나 취소됨 |
| 1947년 | 칸디다트 학위 취득. 다양한 학술활동과 강연, 학술세미나 등에 참여하였지만 대체로 일상적인 교수 활동에 전념 |

| | |
|---|---|
| 1961년 | 코쥐노프와 보차로프, 가체프 등 젊은 학자들이 바흐친에게 편지를 보내고 사란스크를 방문. 이후 이들은 제자를 자처하며 바흐친 저서 재발굴과 재출간 추진하여 바흐친 이름을 세계에 알림. 교수직 은퇴 |
| 1963년 | 『도스토예프스키 시학의 제문제』 출판(개정본) |
| 1965년 | 『프랑수아 라블레의 작품과 중세 및 르네상스의 민중문화』 출간. 「소설 속의 말」 발표 |
| 1967년 | 레닌그라드 법원의 바흐친 복권 결정 판결 |
| 1969년 | 치료차 모스크바로 이주 |
| 1970년 | 『노브이 미르』 편집진의 '현대 문예학'에 관한 인터뷰 게재. 『문학의 제문제』 지에 「서사시와 소설」 게재. 전소작가동맹 강연. 모르도바 대학에서 바흐친 75세 기념식이 열렸으나 지병으로 참석 못함 |
| 1971년 | 평생의 반려였던 부인 옐레나 사망 |
| 1972년 | 『도스토예프스키 시학의 제문제』 제3판 출간 |
| 1973년 | 모스크바 국립대학 도서관 자료 구축을 위한 V. 두바킨과의 인터뷰. 사란스크에서 바흐친 기념 도서 『시학과 문학사의 제문제』 출간<br>「언어 예술과 민중의 웃음 문화(라블레와 고골)」 발표 |
| 1974년 | 「소설의 시간과 공간」, 「언어 미학에 관하여」 발표 |
| 1975년 | 3월 7일 사망 |

**저자 이강은**__ 경북대학교 인문대학 노어노문학과 교수

혁명 문학의 아버지로 불리는 막심 고리키를 전공한 러시아 문학자. 고리키 최후의 대작『클림 삼긴의 생애』에서 인간과 문학, 문학과 혁명에 관한 새로운 관점을 배웠지만 그 공부를 아직 끝내지 못했다. 고리키에 대해 연구해야할 것들이 여전히 많은 가운데 문화적 변혁과 실천에 대한 관심까지 겹쳐져 어수선하다. 문학 공부와 교육이 우리의 삶과 문화의 변화에 기여하는 방법은 무엇인지 늘 고민 중이다. 지금은 반성과 지향이 인간 활동의 핵심이라고 생각하며 문학과 예술이 그런 능력을 키우고 발현하게 해주는 가장 유력한 영역이라고 믿고 있다. 이러한 확신은 러시아 미학자 카간과 바흐친의 저작을 통해 다져졌다. 향후 시너지 이론과 체계이론을 인문학에 접목하는 새로운 방법 탐구를 모색해갈 계획이다.

저서로는『혁명의 문학 문학의 혁명 –막심 고리키』,『반성과 지향의 러시아 소설론』이 있고 역서로는『레프 톨스토이』,『대답 없는 사랑』,『세상 속으로』등이 있다.

경북대 인문교양총서 ❹

# 미하일 바흐친과 폴리포니야

**초판 인쇄**  2011년 6월 20일
**초판 발행**  2011년 6월 30일

**지은이**  이강은
**기 획**  경북대학교 인문대학
**펴낸이**  이대현
**편 집**  이소희 권분옥 박선주
**디자인**  이홍주
**마케팅**  박태훈 안현진

**펴낸곳**  도서출판 역락
**주 소**  서울시 서초구 반포4동 577-25 문창빌딩 2층
**전 화**  02-3409-2060(편집), 2058(마케팅)
**팩 스**  02-3409-2059
**등 록**  1999년 4월 19일 제303-2002-000014호
**전자우편**  youkrack@hanmail.net

**값**  9,000원
ISBN 978-89-5556-920-9 04100
     978-89-5556-896-7 세트